¿Martí vs. Darío?

Flavio Rivera Montealegre

ISBN: 978-1-4269-5514-3 (sc)

Trafford rev. 01/27/2011

 www.trafford.com

North America & international
toll-free: 1 888 232 4444 (USA & Canada)
phone: 250 383 6864 ✦ fax: 812 355 4082

¿Martí vs. Darío?

Edelberto Torres
RUBÉN DARÍO

Flavio Rivera Montealegre

Prólogo por el Dr. Orlando Tijerino Molina

No hay escuelas, hay poetas
Rubén Darío

No, no fui justo ni bueno con Rubén. ¡No lo fui!
Miguel de Unamuno

El rastro está borrado.
François-Paul Groussac

Todo lo renovó Darío...
Quienes alguna vez lo combatimos,
comprendemos hoy que lo continuamos.
Lo podemos llamar Libertador.
Jorge Luis Borges

Nascuntur poetae, fiunt oratores.
Se nace poeta, se hace orador.
En el poeta hay genio,
en el orador hay oficio.

Deseo dedicar esta pequeña obra investigativa a mi adorable esposa, Ligia Bermúdez Varela, por soportar tantas infidelidades de mi parte, con la historia y la literatura, con mis investigaciones y mi terquedad por exponer mi interpretación de la historia y mi verdad.

A mis hijas, Ilú y Flavia, quienes siempre han sido el motivo de mi existencia y el orgullo de mi familia.

A mis padres, maestro y poeta, Don José Santos Rivera Siles, mi madre, Doña Ilú Montealegre Zapata, quienes me dieron un excelente ejemplo, por sus calidades de personas con principios morales y filantrópicas. Ellos me inculcaron el amor por la cultura en general, y, muy especialmente por los valores nacionales.

También deseo dedicar este pequeño esfuerzo a mi linda "princesita de Aquitania y Anjou" (por Leonor de Aquitania), mi nieta, Isabella Torrente Rivera (n. 2005), a quien cariñosamente llamo "Tuti", quien desde ya, a temprana edad, me ha demostrado sus dotes artísticos, humanos, y muy especialmente su talento, todo, herencia de sus antepasados cercanos y lejanos, de muchas vertientes, poseedora de una memoria privilegiada, como la de su bisabuelo, el Prof. Don José Santos Rivera Siles.

Mi princesita: Isabella Torrente Rivera

Agradecimientos

Debo agradecer el apoyo de mis amigos el Dr. Orlando Tijerino Molina, el Dr. Guillermo Gómez Brenes; mi amigo y pariente, el historiador Marco A. Cardenal Tellería, al Ing. Rafael Córdoba Úbeda por su valiosa colaboración; a mi amigo el Lic. René Pacheco Aguilar por sus apreciaciones a mis escritos y apoyo incondicional.

Actividad cultural organizada por el CEPI y el Movimiento Cultural Nicaragüense (MCN), en la que se hizo entrega de un merecido reconocimiento al Dr. Guillermo Gómez Brenes por su aporte a la cultura nicaragüense a través de sus libros. En esta foto vemos de izquierda a derecha al Dr. Orlando Tijerino Molina, al Ing. Rafael Códoba Úbeda, al Dr. Guillermo Gómez Brenes recibiendo el reconocimiento en manos del Arq. Flavio Rivera Montealegre, Secretario del MCN.
(Foto por Oscar Uriarte)

Prólogo por el poeta
Dr. Orlando Tijerino Molina

Unas cuantas palabras

Cuando mi amigo, el autor de este libro, me pidió que escribiera unas palabras a manera de prólogo del mismo, acepté gustosamente el encargo desde antes de conocer su contenido, por un doble motivo: Primero, porque, como digo al comienzo, se trata de un hermanable amigo al que no le negaría nada. Y segundo, porque el aparente favor que me pide, lo siento como un honor que me hace al confiarme la apreciación de un trabajo que viene a ser como un hijo intelectual suyo.

Cuando lo hube leído, sentí la verdadera necesidad de escribir unas cuantas cosas, no para deshacerme en elogios sobre el contenido de la obra, ni para exaltar las dotes intelectuales y culturales del autor, que se dan por descontadas porque ni uno ni otro los necesitan, sino quizá, para ajustar ciertas ideas que serían de interés para el lector.

La obra, a pesar de encontrarse dividida en una media docena de capítulos, toca y abarca ampliamente solamente dos grandes temas: 1) Lo que fue y sigue siendo el Modernismo en el ámbito cultural hispanoamericano; y 2) La relación entre su fundador y guía, Rubén Darío, y toda aquella pléyade de magníficos poetas que gravitaron alrededor del maestro, incluyendo a José Martí, pero presentándolo como a un personaje muy especial, como en realidad lo fue este singular escritor, orador y poeta cubano.

Algunos escritores han visto y estudiado el Modernismo como una escuela, mientras otros la ven como un movimiento literario que nace en un momento histórico en el que es necesario no solamente apuntalar todo el andamiaje cultural de España, sino levantarla, ponerla de pie y sacarla del marasmo y paresia en que se encuentra en esa etapa en que pierde sus últimas colonias. Durante todo ese período, que abarca buena parte del final del siglo diecinueve, el interés por el destino de España lo pierden no solamente extranjeros europeos sino los mismos españoles, al extremo de hablar con desprecio de la misma patria que una vez no viera ponerse el sol en sus dominios. Tan es así, que Julián Juderías, un escritor de gran valía, cuando sale en defensa de su patria, despreciada por todos, anota al comienzo de su libro, "La Leyenda Negra", el siguiente quinteto, muy conocido en la época de que hablamos:

"Oyendo hablar a un hombre, fácil es
acertar dónde vio la luz del sol;
si os alaba Inglaterra es un inglés;
si os habla mal de Prusia es un francés,
y si habla mal de España, es español".

Con respecto al campo literario que es el que nos interesa ahora, la cosa andaba por el mismo camino. El Romanticismo había envejecido, encasillado en ciertas normas que pedían a gritos un cambio renovador. Y no es que esta escuela fuera mala. El hombre es un ser romántico y religioso por naturaleza, por lo que estos dos atributos lo habrán de acompañar siempre, mientras viva y mientras sienta y piense.

El mismo Rubén Darío es un romántico, y no porque yo lo diga, sino porque él lo asegura y lo canta en muchos de sus mejores trabajos literarios, tanto en prosa como en verso, ya durante la primera etapa de su quehacer poético, como durante su completa madurez creativa. Vaya como ejemplo un bello poema que pertenece a un momento de su errabunda vida, cuando sus pasos ya recorren triunfales todos los nuevos caminos por los que ha traido al idioma la musicalidad y la flexibilidad el Movimiento Modernista. En él, no puede ser más explícito. Me refiero a "La Canción de los Pinos", poema del que escojo las dos últimas estrofas solamente, suficientes para el fin que perseguimos. Así rezan:

"Románticos somos... ¿Quién que Es, no es romántico?
Aquél que no sienta ni amor ni dolor,
aquél que no sepa de beso y de cántico,
que se ahorque de un pino; será lo mejor...

Yo, no. Yo persisto. Pretéritas normas
confirman mi anhelo, mi ser, mi existir.
¡Yo soy el amante de ensueños y formas
que viene de lejos y va al porvenir!

Y es que Darío supo asimilar todos los estilos y todas las tendencias del idioma, desde el inicio del mismo, con Gonzalo de Berceo, hasta sus contemporáneos; luego, con la influencia que recibe de parnasianos y simbolistas franceses, hace una mezcla anímica y cerebral sin paralelo en el arte literario, y crea el movimiento que habrá de llamarse Modernismo, en el que todo es nuevo, música, sueños y ritmos, con la desaparición de las influencias.

Dígase lo que se quiera, con el cambio renovador que al idioma Castellano imprime Rubén Darío, aquella España, en uno de sus momentos más tristes de su historia, se levanta y se echa a andar como lo hiciera en otros tiempos don Quijote de la Mancha. Y España vuelve a ser España, por obra y gracia del idioma. Porque, como se dijo alguna vez, hace ya muchos lustros: "La Patria es el Idioma". Esto bien lo sabía el Imperio Romano cuando, como primera instancia, introducía su lengua latina en las regiones conquistadas, asegurando en esa forma su incorporación al Imperio y por ende, su dominio.

La antigua Hispania fue parte del Imperio Romano... Y la Península supo dar al imperio grandes hombres: Emperadores famosos unos, como Trajano, Adriano y Teodosio, entre otros... Sabios filósofos y pensadores, como los dos Sénecas... Insignes escritores, como Lucano y Marcial... Siglos después, tras muchas peripecias de todos conocidas, brilla y se expande el Imperio Español y con el Renacimiento reina el idioma Castellano bajo la pluma de preclaros genios de la Lengua... Y en la segunda mitad del siglo diecinueve, imperio y lengua se marchitan, hasta ese nuevo levantarse, gracias a la pluma del genio del idioma, Rubén Darío.

Con el capítulo sexto, el lector notará un giro en la temática de la obra, que se hace notar con sólo leer el título que el autor le da al mismo. De primas a primeras, quizá le pase por la mente la idea de una confrontación. Pero, como me explica mi amigo Rivera Montealegre, los signos de interrogación que lleva dicho título, desvanecen y echan por tierra dicha peregrina idea.

En realidad, todo comienza con cierta equívoca opinión que aparece en un artículo publicado en un prestigioso diario de la ciudad de Miami, que se refiere a dos personajes que ocupan, cada quien por el valor que tuvieron, el cimero lugar que les corresponde dentro de ese inmenso mundo que es la Historia de la Literatura Hispanoamericana: Rubén Darío y José Martí.

Se me antoja por un momento pensar, meditándolo muy bien al extremo de visualizar el pensamiento, primeramente, en un inmenso océano un tanto convulso para que aparezca en toda su majestad y belleza. Después, repetir la maniobra, pero esta vez haciendo aparecer en la imaginación la figura ciclópea y terriblemente misteriosa de un Himalaya.... Y extasiarme ante las dos visiones....!Y quererlas comparar!.... ¡Y darme cuenta de que tal deseo es imposible! ¡Por ser dos cosas tan diferentes...aunque igualmente grandes...con su peculiar grandeza cada cual!

Tal pasó, sin duda, con el articulista que menciona el autor en varios puntos de la obra. Como muchos otros escritores antes que él, tanto españoles como hispanoamericanos, no supo ver que Darío y Martí, dentro de la singular grandeza que los acerca, son incomparables entre ambos. Porque Rubén, supo levantar el Idioma Castellano, en un momento de desaliento intelectual, dándole el vigor, la flexibilidad, la musicalidad, otro sentido en la forma y en el fondo de la expresión, mediante la creación y el liderazgo de todo un nuevo sistema al que se le llamó, en prosa y en verso, Modernismo. En cambio, Martí, fue el escritor formidable que hizo resonar sus baterías intelectuales como nadie lo hizo en su época, dentro de una lucha política sin cuartel, persiguiendo la libertad de su patria, en una prosa pulcra, limpia y llena de resonancias heroicas, pero siempre dentro de las más puras normas del idioma español. Su poesía fue también muy bella, pero como en la prosa, siguiendo las mejores formas clásicas de la mejor poesía castellana. Y fue un orador excepcional, cualidad esta que elogió Darío con palabras admirativas en su Autobiografía, elogios que hizo extensivos a las dotes que Martí lucía en el arte de la conversación, en la cual quedaba corto el mismo Castelar, según palabras del nicaragüense.

Total, los dos fueron grandes, pero entre uno y otro, incomparables. Darío fue el creador de un movimiento nuevo dentro de la Literatura Hispanoamericana. Martí, el escritor y orador potente que lucha por su patria usando lo mejor de la lengua hispana. Cada quien anduvo su camino, sin dependencia alguna entre ambos.

Ya lo habremos de ver, narrado por el autor del libro, a quien cedo la palabra.

Orlando Tijerino M.
Miami, Florida; Noviembre, 2009

Retrato al óleo realizado por Juan Téllez Toledo, artista mexicano. Composición realizada por Flavio Rivera Montealegre, teniendo como fondo una pintura del artista italiano, Canaleto, usando Photoshop. (Febrero, 2010)

Introducción

La investigación que en las siguientes páginas podrán leer, es producto de una inquietud que me despertara un artículo publicado en El Nuevo Herald, intitulado "La admiración y devoción de Darío por Martí", en donde su autor sugiere que Rubén Darío lo aprendió todo del mártir cubano, José Martí. Conociendo la historia del poeta niño, desde cuando ni siquiera sabía que existía Martí, de sus luchas por demostrar su talento y su capacidad poética; y conociendo de cerca la calidad literaria de nuestra gloria nacional, a través de mi padre, que era maestro de la historia de la literatura universal, de gramática castellana, de preceptiva literaria; poseedor de una valiosa y extensa biblioteca de veinticinco mil volúmenes, libros que desde mi infancia llegué a conocer de memoria, por su título, autor y casa editora. Teniendo en mis manos tantos libros sobre el poeta y su obra, al que los españoles calificaron como "príncipe de las letras castellanas"; habiendo leído desde muy joven una de las mejores biografías del "bardo rei", escrita por quien fuera maestro y luego amigo íntimo y hermano en las letras y en los ideales de mi entrañable padre, el maestro de maestros, Don Edelberto Torres Espinosa, su ya famoso libro "La dramática vida de Rubén Darío", desde su primera edición patrocinada bajo los auspicios del presidente guatemalteco, el Dr. Juan José Arévalo Bermejo, hasta la quinta edición mexicana, a cargo de Ediciones Grijalbo; pasando por las obras de Arturo Marasso, Enrique Anderson Imbert, Guillermo de Torre y muchos otros que podrán ver al final, en la bibliografía consultada; no podía aceptar tal insinuación cuando la realidad es otra. Rubén Darío recibió influencias de muchas fuentes y variados autores, especialmente de Francia, Italia y España.

Otro motivo que me obligó investigar sobre el tema, fue la necesidad de divulgar la calidad literaria de Rubén Darío, certificada por lo mejor de la intelectualidad del mundo de la literatura española y latinoamericana. Esta información no se encuentra con facilidad, especialmente para el lector común y corriente, que su diario vivir le impide recurrir a tantas fuentes de información, muchas de ellas son libros que sus ediciones están agotadas; y que para completar una visión universal sobre la obra de Rubén Darío, tendrían que invertir mucho dinero y además, muchos años para adquirir tantos libros de tantos autores. En esta investigación presento una síntesis de la mejor calidad y mayor autoridad de la crítica literaria.

Flavio Rivera Montealegre
Septiembre, 2009, Miami, Florida, USA

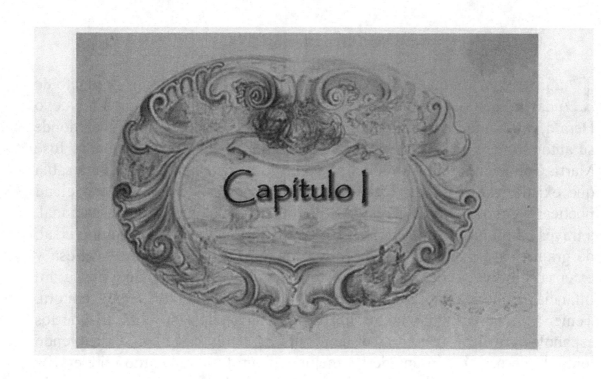

Génesis y definiciones del Modernismo

1.- Génesis del Modernismo

En este campo de las definiciones y de quién fue primero o después, de quién fue precursor del modernismo, existen dos puntos de vista que solamente los separa el océano Atlántico: a) la opinión de los españoles, que solamente toman en cuenta a los poetas conocidos como de la "Generación del 98", encabezados por el renovador del arte de hacer poesía, el nicaragüense conocido como Rubén Darío, y, b) la opinión de los críticos literarios latinoamericanos que, por razones obvias, se adjudican la autoría del movimiento literario conocido como el *modernismo*, y que son del criterio que tal movimiento se inició con el mexicano Manuel Gutiérrez Nájera y el cubano José Martí. Estas son, pues, las dos grandes tendencias que mantienen cada una de ellas su propia tesis de la génesis del modernismo. A mediados del siglo XIX los escritores y los críticos españoles eran de la opinión que ya era tiempo para renovar y dar nuevos brillos a la literatura castellana. Los poetas no hacían otra cosa que imitar los temas y el estilo de sus antecesores, lo mismo acontecía con los prosistas y cuentistas. El romanticismo y el simbolismo fueron los movimientos literarios que precedieron al modernismo, pero que ineludiblemente influyeron en los modernistas. El simbolismo fue una forma mística del esteticismo. Su réplica en Inglaterra fue el Movimiento Esteticista, y sus principales exponentes fueron Rossetti y Pater, y, su mártir fue Oscar Wilde. En Francia sus exponentes más emblemáticos fueron Esteban Mallarmé (1842-1898), Paul Verlaine (1844-1895) y Carlos Baudelaire (1821-1867).

Los románticos están representados por Víctor Hugo (1802-1885), Alfredo de Vigny (1797-1863), Alfonso de Lamartine (1790-1869), al que se le puede llamar *padre de la poesía moderna*, Madame de Staël (1766-1817), Alfredo de Musset (1810-1857), Alejandro Manzoni, Ángel de Saavedra, duque de Rivas, José de Espronceda, José Zorrilla, Gustavo Adolfo Bécquer, Walter Scott, y, Francisco Renato de Chateaubriand (1768-1848), es el escritor de mayor influencia en la literatura del siglo XIX; nacido en Bretaña, de antigua y noble familia, ha sido llamado el *padre del romanticismo* en Francia. Y son todos los poetas anteriores los que especialmente influyeron en Rubén Darío, además de muchos otros.

El espléndido, distinguido y laureado poeta cubano, Don Luís Ángel Casas Terradas, el mejor de todos ellos dentro y fuera de Cuba, según la opinión del Dr. Orlando Tijerino Molina, nicaragüense, natural de Chinandega y con quien estoy plenamente de acuerdo, en una de sus entrevistas, concedida a Frank Otero, quien le preguntara ¿Quién es el poeta que más admiras?, contestando lo siguiente: *"Cualquier persona que cultiva la poesía con esmero y gusto, como arte puro, merece todo mi respeto. Seleccionar a uno o a unos cuantos implica dejar fuera una cantidad de poetas valiosos y eso no me parece correcto"*. Esto puede contestar a la inquietud que se ha generado durante muchos años, y que se refiere a establecer quiénes fueron los poetas que mayormente influenciaron en la obra de Rubén Darío, de tal forma que Darío, es por eso un poeta universal, que recibió muchas y variadas influencias.

Volviendo al tema, la génesis del modernismo, debo referirme a lo que expone Rafael Ferreres, en su libro "Los límites del modernismo", aborda el tema apoyado en lo que el poeta español, Pedro Salinas, escribiera en 1938, su ensayo titulado *"El problema del modernismo en España, o un conflicto entre dos espíritus"*, en el que pretende y quiere separar en dos escuelas, en dos denominaciones diferentes, modernismo y la generación del 98, a los escritores que hoy, gracias a su esfuerzo y al de los que le han seguido, se han definido de esa forma como la expuso Pedro Salinas. De tal manera que Rafael Ferreres, expresa lo siguiente en el mencionado libro:

> Su "tesis no es que España rechazara el modernismo de buenas a primeras. El modernismo fue aceptado y cultivado durante varios años, y entonces es cuando nace la confusión que tratamos de deshacer". Más que *confusión*, como dice el admirado poeta, sería mejor indicar *fusión* entre estas dos actitudes literarias y vitales bastante afines, como veremos. Con este afán que hay de clasificar todo lo material y humano, había que poner etiqueta preceptiva, había que reunir gregariamente a los escritores más diferenciados entre sí de toda la historia de la literatura española. Este loable deseo inicial de Pedro Salinas de poner un poco de orden, de clasificar espiritual y estilísticamente a estos prosistas y poetas le llevó, exageradamente, a trazar una frontera, una línea divisoria más precisa, entre una y otra escuela, que la que separa a España de Francia, como si en estas cosas espirituales, siempre fluctuantes, siempre inquietas y tornadizas, cupiera la inmovilidad del mojón. Si Pedro Salinas no hubiera pasado por alto algunos ejemplos de gran valor, que se contraponen a los esgrimidos por él, encontraríamos mayor cautela en sus afirmaciones.

Don Pedro Laín Entralgo, en su conocido y celebrado libro *La generación del noventa y ocho* (Madrid, 1945), también sigue el criterio diferenciador de Salinas, pero con discrepancias respecto a quienes integran uno y otro bando literario.

Guillermo Díaz-Plaja todavía va más lejos que sus predecesores en su voluminosa e interesante obra *Modernismo frente a noventa y ocho* (Madrid, 1951). Para él son dos escuelas antagónicas, en la que una, el noventa y ocho, representa lo masculino, y la otra, el modernismo, lo femenino. Distinción poco afortunada e impropia por muchos distingos psicoanalistas que se le pongan. Esta clasificación (como la que dio otro señor, éste al margen de la literatura, de que Renacimiento es lo femenino y Barroco es lo masculino), que pronto ha arraigado entre los diletantes, no hace más que crear confusión y se sale de la crítica puramente literaria.

Dámaso Alonso, en su sagaz trabajo *Ligereza y gravedad en la poesía de Manuel Machado*, plantea el problema desde un punto de vista distinto:

"Hace ya muchos años que hice un intento para aclarar ese concepto de poesía del 98. Unas veces se habla de *generación del 98* y otras **de** *modernismo*. Para poner un poco de diafanidad en la distinción de ambas ideas hay que apoyarse en estribos estrictamente lógicos: modernismo y generación del 98 son conceptos heterogéneos; no pueden compararse ni tampoco homologarse en uno más general, común a los dos. **Modernismo es**, ante todo, una técnica; la posición del 98, es una manera de ver el mundo según la nacionalidad. Aquí descansa la diferenciación esencial. No deja de tener interés tampoco que el modernismo sea hecho hispánico, **y la actitud del 98**, **exclusivamente española**; que el modernismo sea un fenómeno poético, que, como veíamos en Valle-Inclán puede colorear la prosa, y la posición del 98 se encuentre preferentemente en prosistas (pero, como vamos a ver, puede darse también en poetas). Quiere esto decir que "modernismo" y "actitud del 98" son conceptos incomparables; no pueden entrar dentro de una misma línea de clasificación, no se excluyen mutuamente. Dicho de otro modo: se puede mezclar o combinar en un mismo poeta o en un mismo poema. A una primera luz, los hombres de hacia 1900 nos habrían parecido claramente escindidos entre una generación de poetas (modernistas) y una de prosistas (los del 98). Pero ahora ya no podemos verlo así: resulta que de los poetas de, aproximadamente, la generación de Manuel Machado sólo hay uno quizá (Juan Ramón Jiménez) en quien no se transparente tanto la coloración del 98; de los demás, Miguel de Unamuno y Antonio Machado la tienen, de modo reconocido por todos, y también Manuel Machado, como vamos a ver ahora. En especial, en los dos hermanos Machado se mezcla la técnica inicialmente modernista con la visión del mundo noventayochesco."

Veamos, ahora, quiénes integran los grupos modernistas y del 98. Pedro Salinas teoriza en su ensayo citado y sólo menciona unos pocos nombres, los más representativos: Rubén Darío, Manuel Machado, o un modernista a su manera, Juan Ramón Jiménez. El otro grupo, el del 98, lo forman Miguel de Unamuno y Jugo, Azorín, Pío Baroja y Antonio Machado. En cambio, otro investigador del tema, el crítico Pedro Laín, considera que el grupo que pertenece a los del 98 son: Miguel de Unamuno y Jugo, Ángel Ganivet, Azorín, Pío Baroja, Antonio Machado, Ramón María del Valle-Inclán, Ramiro de Maeztu Whitney, Jacinto Benavente y Manuel Bueno.

Guillermo Díaz-Plaja discrepa de Pedro Laín en la inclusión que hace de Ramón María del Valle-Inclán como perteneciente a la Generación del 98. Y por otro lado Dámaso Alonso opina que Juan Ramón Jiménez, Antonio y Manuel Machado, han nacido del modernismo, para dejar pronto de ser poetas modernistas. Y por último, para no citar más críticos y recurrir a una autoridad literaria, no español, quien ha trabajado sobre este tema, Hans Jeschke ofrece buenas razones para considerar de la Generación del 98 sólo a los siguientes escritores: el dramaturgo Jacinto Benavente; los prosistas Ramón María del Valle-Inclán, Pío Baroja, Azorín y el poeta lírico Antonio Machado.

2.- La influencia de los escritores franceses y Rubén Darío

Los más importantes poetas españoles fueron influenciados directa o indirectamente por los poetas principales del simbolismo. Paul Verlaine, por sí mismo, por la lectura que hicieron de sus obras los escritores españoles, o a través de Rubén Darío, fue un estremecedor huracán poético que conmovió, y conmueve, a todo el que se acerca a su poesía. Barrió antiguas formas de expresión y enriqueció el sentimiento al darle sinceridad, y aun los poetas que se pronunciaban en contra de su estética y espíritu, algo le deben. Aun esos mismos poetas regionalistas apegados, creían ellos, a lo antiguo que no a lo tradicional español, como un *José María Gabriel y*

Galán (1870-1905), por ejemplo. Fue lo mismo que la bienaventurada racha que llegó a España desde Italia en el Renacimiento y que Garcilaso de la Vega hizo fructificar y arraigar para siempre entre los poetas españoles.

¿De qué vale que un Cristóbal Castillejo (1490?-1550), quien es el representante máximo de la reacción tradicionalista frente a la adaptación de las formas italianas, se opusiese en maliciosos y miopes sonetos si él mismo, en su interior, sabiéndolo o no, hacía también poesía italianizante? Por otra parte, y al igual que Dante, Petrarca y Boccaccio, las tres figuras principales del simbolismo francés: Baudelaire, Verlaine y Mallarmé influyen y dan nuevo rumbo, también a la poesía de Italia, Inglaterra y otros países.

Los escritores modernistas y los de la llamada Generación del 98 no rompen con la generación inmediata anterior a la suya, y ésta es otra de las fallas a los requisitos que se exigen para que haya grupo generacional. No rompen (excepto Pío Baroja), pero no les basta el mensaje y mucho menos la técnica literaria que reciben como legado, y es Francia, como en otras ocasiones, la que da savia, iniciativas a prosistas y poetas españoles del 98 y modernistas. Esto no es motivo de alarma para los enemigos de influencias extranjeras, o los que presumen de tales influencias, puesto que los resultados son óptimos, dado que los escritores y poetas españoles siguieron en su momento, o se dejaron influenciar, por los franceses que dieron uno de los períodos más gloriosos de su literatura. Sólo la ligereza o la ignorancia ha hecho creer que Paul Verlaine es únicamente un poeta de café, borracho, peregrino de hospitales y con singulares inclinaciones eróticas. No han visto su grandeza, como la vieron los grandes literatos que se inspiraron en él, Rubén Darío incluso. Lo mismo se ha pensado y aún se piensa de éste último. Casi lo mismo ocurre con los que califican a Rubén Darío atendiendo a su poesía más trivial e ingeniosa y no a la que sigue teniendo una vigencia espiritual profunda.

La confusión que existía al denominar a los escritores que he mencionado, y que Pedro Salinas quiso deshacer, tenía y tiene su indudable base. Es más, la calificación de modernistas y de noventa y ocho la ha complicado al ponerlos en bandos distintos. Los críticos han tardado mucho en reconocer, por culpa de la despectiva etiqueta literaria dada a ciertos escritores del siglo XVIII español, a los afrancesados, quienes en sus obras aportaron un inmenso sentimiento de españolismo noble de intención y aun de hechos que había en ellos. Y no sólo en su actuar, sino también en la pureza de su castellano. Muchos críticos dejan saber su desconcierto, que cuando eran estudiantes universitarios, ante escritores que ellos consideraban extranjerizantes, sintieran honda y entrañablemente a España y sus problemas. Al igual que Rubén Darío sintiera por su tierra natal y su América Latina, muy a pesar de la influencia recibida por los franceses, italianos y españoles. Hoy, ningún crítico toma en cuenta tales consideraciones o percepciones de antaño, ante la clasificación de culteranos y conceptistas. Ya se sabe perfectamente cómo en un Luis de Argote y Góngora (1561-1627) o un Francisco de Quevedo (1580-1645), representantes del culteranismo y conceptistas, los críticos hallan muchos elementos de las técnicas de las que se les hacía aparecer como antagónicos.

Porque el modernismo no fue una escuela, sino un **movimiento renovador**, los críticos encuentran en los escritores españoles citados los mismos temas, técnica estilística, preocupaciones literarias, artísticas, políticas y religiosas, admiraciones y desprecios. Y todo esto, el entremezclamiento de actitudes que se han considerado opuestas, es lo que hace que los que siguen preocupándose en clasificarlos en modernistas y del 98 no se pongan de acuerdo en qué bando deben ir, que, al fin de cuentas, sería lo mismo si con tales clasificaciones no salieran perjudicados, pues resulta que el pertenecer a un bando significa la privación de las cualidades y defectos del otro.

Hay, indudablemente, un punto de arranque común a todos ellos, como han señalado Pedro Salinas, Dámaso Alonso, Gerardo Diego, Max Henríquez Ureña. Y esto debe tenerse muy presente. Luego, y es natural que así fuera, porque si no hubieran quedado en escritores eco, en términos medios, cada uno se ensancha en su dimensión propia, cada uno crea, al recrear genialmente lo recibido, su propio estilo: su personalidad literaria; cada uno se individualiza para suerte de los amantes de la literatura y para desgracia de los amantes de bautizos literarios.

3.- Definiciones de modernismo

La definición que da Manuel Machado de lo que era y significaba la nueva escuela literaria, conviene a todos los escritores mencionados:
"El modernismo.....no fue en puridad más que una revolución literaria de carácter principalmente formal, pero relativa, no sólo a la forma externa, sino interna del arte. En cuanto al fondo, su característica esencial es la anarquía." (Tomado del libro "*La guerra literaria*", página 32).

Max Henríquez Ureña, definió el modernismo de la siguiente forma:
"El modernismo no fue una escuela, sino un movimiento que tendió a la renovación de la forma literaria y el libre desarrollo de la personalidad del escritor sin ponerle normas."

Muchos años antes, de manera similar, se había expresado Jacinto Benavente, en su trabajo "Modernismo", en donde dijo lo siguiente:
"No se trata de romper moldes; ensancharlos, en todo caso; ni eso, porque moldes sobrados hay en donde caben sin violencia cuantas obras de arte pueda producir el ingenio humano. Ridículo es hablar de moldes rotos en el teatro español, donde, desde La Celestina a Calderón, en los autos sacramentales, hay moldes para todo lo real y lo ideal. Y ésa ha de ser la significación del modernismo, si alguna ha de tener en arte: no limitar los moldes a los moldes de una docena de años y de dos docenas de escritores; considerar que muchas veces lo que parece nuevo no es sino renovación....."

En la actualidad, en la literatura española, el término **modernismo** denomina a un movimiento literario que se desarrolló entre 1880 y 1910, básicamente en el ámbito de la poesía, que se caracterizó por una ambivalente rebeldía creativa, un refinamiento narcisista y aristocrático, el culturalismo cosmopolita y una profunda renovación estética del lenguaje y la métrica.

Por otro lado, se conoce por **modernismo** a la forma hispánica de la crisis universal de las letras y del espíritu y que se manifiesta en el arte, la ciencia, la religión y la política. En ciertos aspectos su eco se percibe en movimientos y en corrientes posteriores. En las raíces del Modernismo hay un profundo desacuerdo con la civilización burguesa.

Para Roberto Brenes Mesén, el término modernismo fue definido de la siguiente forma:
"El modernismo es una expresión incomprensible como denominación de una escuela literaria. El modernismo en el arte es simplemente una manifestación de un estado del espíritu contemporáneo, de una tendencia universal cuyo orígenes se hallan profundamente arraigados en la filosofía trascendental que va conmoviendo los fundamentos de la vasta fábrica social que llamamos el mundo moderno".
Otra definición ofrecida por Guillermo Andreve (Panamá, 1879-1940), expresa que:

"El modernismo es la redención del alma moderna y del pensamiento moderno de las estrechas ligaduras escolásticas".

De Eduardo Talero (Colombia; m.1920), el modernismo es: "La tendencia que aspira a una literatura armónica con el ambiente, ideas, pasiones e ideales modernos; y que usando, según las circunstancias, tal o cual recurso del archivo literario, sin pedir venia a ningún maestro de escuela, pugne por restablecer la comunicación directa entre la sensibilidad y el mundo externo". Eduardo Talero nació en Colombia, estuvo a punto de ser fusilado por su tío: el presidente de Colombia, Gral. Rafael Núñez, hermano de su madre, quien lo salvó con la condición de que debía salir al exilio; vivió en Estados Unidos de América, contrajo nupcias con Ruth Reed, argentina, por ello se nacionalizó argentino y se ubicó en Neuquén, en donde se destacó en la politica, fue nombrado por Carlos Bouquet Roldán como Secretario de la Gobernación territorial de Neuquén. Fue amigo de José Martí, Rubén Darío, Antonio Plaza, Juan de Dios Restrepo, Enrique Gómez Carrillo, Carlos Guido Spano y otros del mundo periodístico y literario. Rubén Darío le dedicó el soneto titulado "Lírica", que comienza: "Eduardo: está en el reino de nuestra fantasía/el pabellón azul de nuestro rey divino./Saludemos al dios en el pan y en el vino,/saludemos al dios en la noche y el día....."

**Paul Groussac (1848-1929), franco-argentino, y a la derecha,
Julián del Casal (Capitanía General de Cuba, 1863-1893).**

El punto de vista latinoamericano del Modernismo

Capítulo Segundo: El punto de vista latinoamericano del Modernismo

El crítico e investigador literario mexicano, Iván A. Schulman, en su libro *Génesis del Modernismo. Martí, Nájera, Silva, Casal* (1968), expone ampliamente el punto de vista latinoamericano sobre el tema de la génesis del Modernismo. Su libro se basa especialmente en una obra del español Federico de Onís y Sánchez, nacido en 1885, titulado *Antologia de la poesía española e hispanoamericana*, y otros escritos en donde, en sus críticas iniciales no reconocía la calidad y la influencia literaria que el poeta nicaragüense, Rubén Darío, ejerció en los poetas latinoamericanos y españoles. Posteriormente reconoció su error. El planteamiento de Iván A. Schulman establece que no hubo una etapa precursora del modernismo, simplemente expresa que los primeros modernistas o iniciadores del modernismo fueron José Martí y Manuel Gutiérrez Nájera, dejando constar en su Introducción del mencionado libro, lo siguiente:

"cuyas inspiradas innovaciones de prosa artística entre 1875 y 1882, inauguraron una nueva época de la literatura hispánica. Estando en México, estos dos artistas estrenaron una prosa distinta: Nájera, la de patente filiación francesa, reveladora de la presencia del simbolismo, parnasismo, impresionismo y expresionismo, y Martí, la que incorporó estas mismas influencias dentro de estructuras de raíz hispánica, y, en especial, las construcciones paralelísticas y anafóricas de la prosa oratoria del siglo de oro español. Hacia esta última modalidad expresiva, Manuel Gutiérrez Nájera se inclinó también durante sus años de madurez, pero sin librarse, ni siquiera en los últimos escritos, de la "sugestiva" literatura parisina que leyó y reverenció con fruición. De igual trascendencia en la revolución modernista fue la obra de otros artistas de la misma época que contribuyeron al "gran movimiento de entusiasmo y libertad hacia la belleza", como decía Juan Ramón Jiménez. Se trata de los prosistas y poetas tradicionalmente llamados "precursores", José Asunción Silva y Julián del Casal, quienes junto con José Martí y Manuel Gutiérrez Nájera constituyen el coro acrático (anárquico) de la primera generación modernista. En Rubén Darío, el genial sintetizador, innovador y divulgador del modernismo, **se produce la simbiosis de las tendencias y corrientes artísticas** de los aludidos modernistas primigenios."

La revaloración crítica del modernismo abarca más que un nuevo enfoque de su cronología. Va incolucrada en ella una nueva visión estética e ideológica. Y continúa expresando Iván A. Schulman, referente al análisis del modernismo, lo siguiente:

"La aplicación de la moderna metodología del análisis estilístico elaborada por la escuela española de estilística, además de otros estilistas como Spitzer, Spoerri y Leo, ha tenido el resultado de aclarar y refinar los valores estéticos y estilísticos del modernismo, y ha destacado la aparición de éstos en la prosa musical y cromática, arrinconada tan injustamente, y olvidada por la crítica tradicionalista, excepción hecha de *Azul...*

Como secuela de los estudios sobre el modernismo de los últimos tres lustros, ya no es lícito hablar del modernismo como movimiento que es el producto de un solo hombre (Rubén Darío) y que abarca los años entre 1888 (primera edición de "Azul", Julio 30, 1888) y 1916 (año en el que fallece Rubén Darío), fechas darianas, ni como arte de valores escapistas y preciosistas exclusivamente, representado prototípicamente por *Azul....* y *Prosas Profanas*. La óptica ideológica ha sufrido una metamorfosis en consecuencia de la cual se rechaza el concepto del modernismo como una literatura de estetas dedicados al cultivo del arte a espaldas de la realidad. En resumidas cuentas, el modernismo, en sus dimensiones ideológicas se ha ensanchado, y hoy en día se le considera como arte epocal, como manifestación literaria de una época regeneradora, la del profundo "de-basamiento" y "re-basamiento" (para sustantivar dos neologismos verbales martianos) de la cultura decimonónica. Se trata del reflejo en el arte del anárquico idealismo contemporáneo al decir de José Enrique Rodó (Uruguay,1871-1917). Ya en 1899 éste caracterizó el modernismo a la luz de las profundas corrientes filosóficas del momento, prefigurando así, el rechazo de la concepción (hoy guarida o refugio) del modernismo como literatura insubstancial.

No sólo José Enrique Rodó, sino muchos otros de la época del florecimiento modernista, opinaban de manera similar a los que hoy defienden la renovada perspectiva. Así las respuestas enviadas en 1907 a Enrique Gómez Carrillo (Guatemala, 1873-1927), director en aquel momento del efímero periódico parisiense, *El Nuevo Mercurio*, en el cual se publicaron , como parte de una encuesta sobre el tema, formulada así: "¿Qué ideas tiene usted de lo que se llama modernismo?" Pese a la variedad de las contestaciones, y sin pasar por alto las opiniones de los detractores del modernismo, hay una carencia, casi absoluta, de definiciones del arte modernista en términos de una expresión afrancesada y alambicada. Al contrario, se transparenta una visión amplia en perfiles estéticos, sociales y filosóficos. Al contrario, se transparenta una visión amplia en perfiles estéticos, sociales y filosóficos. Sólo dos colaboradores, Francisco Contreras y Miguel A. Ródenas, a modo de los tradicionalistas, señalaron a Rubén Darío como iniciador del modernismo. La mayoría supo destacar las tendencias diversas de esta literatura sincrética a la luzde problemas generacionales y ambientales.

El modernismo como espíritu revisor en lo lingüístico, estilístico y metafísico, producto en su época álgida de una preocupación filosófica, la positivista, y un sentimiento de insuficiencia ideológica frente a valores rectores, rebasa los límites generacionales. A modo del barroco, que tan larga y fértil vida ha tenido, en la idiosincrasia y la literatura hispanoamericanas, el modernismo se prolonga y se traduce en una preocupación o una actitud perenne visible en el arte inventivo y en la esmerada expresión literaria, cualidades que, por ejemplo, caracterizan la manera contemporánea de concebir la prosa narrativa en América, diferenciándola de la peninsular."

Hay otro escritor, contemporáneo de Iván A. Schulman, que opina diferente, y que considera a Rubén Darío el faro del modernismo, aportando nuevos conceptos que hasta la fecha nadie había expresado, tampoco habían explorado otras aristas y aspectos que el escritor Ángel Rama (Uruguay; 1926-1983) profundiza en ellos, en su libro titulado **Rubén Darío y el modernismo**, 1970, impreso en la Universidad Central de Caracas, Venezuela. Veamos cuáles son sus criterios respecto a Darío y el modernismo:

"El fin que Rubén Darío se propuso fue prácticamente el mismo a que tendieron los últimos neoclásicos y primeros románticos de la época de la independencia: la autonomía poética de la América española como parte del proceso general de libertad continental, lo que significaba establecer un orbe cultural propio que pudiera oponerse al español materno, con una implícita aceptación de la participación de esta nueva literatura en el conglomerado mayor de la civilización europea, que tenía sus raíces en el mundo grecolatino. Pero sobrevenida la obra de Rubén Darío, y en general de los modernistas, casi setenta años después de la "Alocución a la poesía" de Andrés Bello (Venezuela, 1781-1865), corrige el propósito común, hasta parecer que lo contradice, con la lección de su tiempo. Básicamente agrega una conciencia más lúcida de las posibilidades reales del intento, en otras palabras, una apreciación menos lírica y más realista de las capacidades creadoras disponibles de la formación, el rigor y la dedicación de los escritores hispanoamericanos, lo que justificó su desolada comprobación en el prólogo-manifiesto de *Prosas Profanas*: "Estando muchos de los mejores talentos en el limbo de un completo desconocimiento del mismo Arte a que se consagran"; una mayor precisión acerca de la esfera en que debía producirse la novación poética autonómica, lo que valió por una concepción más adulta y educada de qué cosa sea la poesía, cuál la importancia de la lengua, cuál la de los recursos del estilo (adjetivación, tropos, ritmos, etc.), cuál la de los temas, incluyendo aquí el problema de su variable autonomía; un conocimiento riguroso de los presupuestos estéticos sobre los que había de asentarse, lo que acarreó una consideración más atenta del problema de la integración en una cultura universal (o al menos occidental) que los románticos habían dado por evidente sin mayor examen, así como una previa diagnosis de las nuevas bases económico-sociales de esos presupuestos estéticos. Si el afán autonómico de Rubén Darío no se vio claramente fue porque él opuso a la concepción de Andrés Bello la tesis de la apropiación de todo el instrumental contemporáneo, lingüístico y poético, de la culta Europa: "Al penetrar en ciertos secretos de armonía, de matiz, de sugestión, que hay en la lengua de Francia, fue mi pensamiento descubrirlos en el español o aplicarlos", le decía a François-Paul Groussac (1848-1929) en "Los colores del estandarte". Eso significaba una revalorización positiva de la aportación poética europea y en general de los lineamientos culturales decimonónicos, cosa que hará por el camino, no de las orientaciones oficiales de la cultura, sino de las orientaciones disidentes, afirmando la virtud del "decadentismo". A la concepción de la poesía ingenua, que alimentó la estética romántica, opuso la concepción rígida de una poesía culta como expresión de una sociedad que había alcanzado su primer estadio urbano considerable. A la independencia sustentada sobre la relativa novedad de una temática autóctona, *"las gracias atractivas / de Natura inocente"*, como dice Andrés Bello antes de proceder a describir paisajes y contar hechos heroicos americanos, opone la independencia más drástica que corresponde a una **reelaboración de la lengua poética**, dicho en otras palabras, que traslada al lenguaje en función de poesía el afán autonómico, desdeñando su búsqueda en el campo temático en el **cual muchas veces fue mero siervo de las modas que el Parnaso y el simbolismo impusieran a la poesía europea**. Por esta oposición se comprende la distancia que hay entre la concepción del poeta civil de Andrés Bello, donde el artista cumple simultáneamente funciones de político, de ideólogo, de moralista y de educador, y la propia, más restricta y específica, de Rubén Darío. La tarea de éste se cumple en un campo estricto: **la instauración de una poética**. Por buscar las pruebas de su afán liberador en otros terrenos, se ha ensalzado la "Oda a Roosevelt", sin recordar que a ella replica la "Salutación del Águila". O se han vilipendiado, por foráneas, sus marquesas versallescas, como si hubiera sido mejor, en ese mismo plano de la exigencia política, que saludara a presidentes de República, como en su "Oda a Mitre". Con el movimiento modernista dentro del cual se sitúa Rubén Darío, comienza, si no una profesionalización del artista, que por el momento era impensable, una especialización que la incipiente complejidad de algunas sociedades hispanoamericanas acarrea, al generar personalidades consagradas a esa multiplicidad de tareas que antes recaían sobre el "vate", Rubén Darío. Quienes todavía las acumulan sobre sí en aquellos países donde las condiciones sociopolíticas y culturales no las justifican (las distintas regiones de América agudizan en esta época sus diferencias y las exigencias que presenta a un poeta una sociedad como la cubana de 1880 no son las mismas que las que se le imponen en sociedades independientes plenamente burguesas como la argentina), se revisten fatalmente de un aire grotesco que define el término "rastaquouére" que Rubén Darío utiliza en sus "Palabras Liminares". Más que por una actitud escapista, es por una determinada y lúcida consideración de los problemas de su época, que Darío afirma la impostergable necesidad de volver por los fueros de una específica creación poética: "Pues no se tenía en toda la América española como fin y objeto poéticos más que la celebración de las glorias criollas, los hechos de la Independencia y la naturaleza americana: un eterno canto a Junín, una inacabable oda a la agricultura de la zona tórrida, y décimas patrióticas", expresa Rubén Darío en su libro *Historia de mis libros*. La influencia que en la pintura produce la aparición de la fotografía, retrayendo ese arte hacia la búsqueda de una especificidad segura, invulnerable, se registra también en la poesía. Aunque en este caso, por el obligado uso de los significados que implica el manejo de la lengua, hay otros elementos que concurren a la retracción. Son los que se sitúan en el campo ideológico, pero que no pueden remitirse, simplísticamente, a un mero alejamiento de las responsabilidades sociales y morales del poeta.

Tal parece que en el afán del protagonismo, los latinoamericanos junto con los hispanos, se pelean por ser los primeros en algo. Es por eso mismo que después de la Independencia de la América española, cada caudillo quiso tener su pedazo del pastel o del botín, muy a pesar de que Simón Bolívar les pidió que se mantuvieran unidos, desde la Nueva España hasta la Patagonia; pero fue imposible mantener unidos tantas cabezas huecas, tantos egoísmos, tanto orgullo propio, demasiadas ínfulas de padres de la patria, demasiados egos inflados por la ambición....fueron y son el basamento de la polémica de quién fue primero, si el huevo o la gallina. Este fue el espíritu que heredaron los latinoamericanos e hispanos de la colonia, sentimiento que aún ponen en evidencia. Esto es lo mismo que le ha sucedido a Rubén Darío. Por lo menos los españoles, aceptaron, aunque a regañadientes al principio, finalmente aceptaron con gallardía y solidaridad, el gran aporte que hacía el poeta nicaragüense, que no tuvo la dicha de presumir de diplomas universitarios, mucho menos de Salamanca, gracias a las cabezas vacías de los politiqueros que le negaron una miserable beca para estudiar en España; pero fue este hombre, con toda su humildad y limitaciones, el genio, el que recorrió el mundo para unir ese movimiento revolucionario que llamaron el **modernismo**, y ese grupo bautizado sin precisiones, en primera instancia, por **Gabriel Maura**; y, luego en forma precisa, en 1913, con el concepto de "generación" del 98, fue precisamente **Azorín**, su verdadero nombre fue José Martínez Ruíz, el que bautizó a este grupo con el nombre de *generación del 98*. De igual forma que en la actualidad se escribe mucho más sobre la clasificación si este grupo es o no es del 98 y se escribe menos de lo que escribieron esos intelectuales; igual sucede con el modernismo; y, de esa misma manera, se escribe si Rubén Darío es o no es el padre del modernismo!!!!

Por tanto, Ángel Rama, se atreve a afirmar en estos tiempos de fines del siglo XX, cuando los nuevos críticos quieren su lugar en la gradería, lo siguiente:

"La tarea más visible de Rubén Darío fue la ejercida sobre la lengua poética que heredara. Ese es el más claro y pregonado objetivo de su ocupación artística y de su preocupación crítica, sobre el que insiste en diversos textos, mostrándose siempre un educado técnico y un profesional del trabajo creativo: "Abandono de las ordenaciones usuales, de los clisés consuetudinarios; atención a la melodía interior, que contribuye al éxito de la expresión rítmica; novedad en los adjetivos; estudio y fijeza del significado etimológico de cada vocablo; aplicación de la erudición oportuna, aristocracia léxica". **Ningún poeta en Hispanoamérica había demostrado hasta entonces un conocimiento tan minucioso e interior de las técnicas poéticas, y ninguno fue capaz de una trasmutación artística comparable**. Por eso, es él quien hace el aparte de las aguas: hasta Darío, desde Darío. Con razón dice Pedro Henríquez Ureña (Rep. Dominicana; 1884-1951) lo siguiente: "De cualquier poema escrito en español puede decirse con precisión si se escribió antes o después de él".
Y continúa diciendo Ángel Rama:
Es obvio que tiene antecedentes, que tal intento fundacional no puede ser obra de un solo escritor, por genial que sea. Su reconocimiento de deudas a Groussac, Martí, Francisco Gavidia, Pedro Balmaceda, y muchos otros de diferentes sitios del mundo occidental, especialmente de Francia, Italia y lógicamente de España. Pero en la medida en que asume las experiencias anteriores, las somete a reelaboración subjetiva intensa, las exacerba hasta un extremismo muy peculiarmente hispanoamericano en su conducta con las corrientes culturales europeas, y las marca soberanamente con las condiciones de la literatura moderna francesa; establece el tipo de imperio que impuso Lope de Vega a la dramaturgia de su tiempo, y se constituye, según el decir cervantino, en "monstruo de la naturaleza". De ahí que a veces se le atribuyan modificaciones

poéticas de las que no fue el inventor sino el perfeccionador, del mismo modo que ocurre en el cotejo entre prelopistas y Lope, y de ahí también el leve resquemor que provocaba en alguno de sus grandes contemporáneos. Si él, Rubén Darío, no es todo el modernismo, es sin duda su más llamativa bandera, y es aceptable que él asumiera este papel histórico desde la publicación, a los veintinueve años, de *Prosas Profanas*.

Con lo que afirma el poeta uruguayo, Ángel Rama (1926-1983), al igual que lo afirman muchos otros, especialmente los del 98, Rubén Darío es comparado con Miguel de Cervantes, Lope de Vega, Quevedo, Góngora, y Calderón de la Barca, quienes marcaron una época, igualmente sucede con Rubén Darío; por mucho que los hispanos y los latinoamericanos digan que Martí y Gutiérrez Nájera fueron los iniciadores del modernismo, en España no es otro que Rubén Darío el que encabeza este movimiento revolucionario del modernismo, no tiene otro a su lado. Darío marca un antes y un después, y esto es lo que no tiene discusión. El mismo rector de la Universidad de Salamanca tuvo que reconocerlo. Y el poeta uruguayo, **Ángel Rama**, agrega otras aristas que últimamente nadie ha querido reconocer, y dice que:

Todo poeta actual, admire a Darío o lo aborrezca, sabe que a partir de él hay una continuidad creadora, lo que ya puede llamarse una tradición poética, que progresivamente fue independizándose de la tradición propiamente española hasta romper con ella en la década del cuarenta, atreviéndose a un cotejo universal. Esta continuidad no la puede filiar en los mejores productos decimonónicos anteriores a Darío y los modernistas, y si acaso puede reivindicar repentinos, parciales maestros, en la América colonial, es dentro de la línea que Darío revaloriza antes que ningún otro en la cultura hispánica: la del barroco, con la cual su arte tiene puntos de contacto estrechos, y dentro de la cual elige los cuatro maestros que prefiere de las letras peninsulares: Gracián, Teresa, Góngora y Quevedo.

Tal continuidad no obedece a la excelencia de algunos poemas, porque si bien es ésa una de las condiciones para el establecimiento de una verdadera tradición, también los hubo antes que Darío, aunque con menor frecuencia, sino al establecimiento de las bases de una literatura sobre una concepción moderna de vida y arte. Una literatura es entendida, aquí, no como una serie de obras de valor, sino como un sistema coherente con su repertorio de temas, formas, medios expresivos, vocabularios, inflexiones lingüísticas, con la existencia real de un público consumidor vinculado a los creadores, con un conjunto de escritores que atienden las necesidades de ese público y que por lo tanto manejan los grandes problemas literarios y socioculturales. Los tres sectores componen una estructura de desarrollo histórico que por lo mismo sobrevive a las distintas etapas de integración de sus partes, imponiendo la permanencia del pasado, de un pasado vivo, que pesa, y actúa, sobre las diversas inflexiones de un sucesivo presente, lo que obliga a los renovados creadores a tener en cuenta y responder, ya sea con la aceptación o con la más encarnizada oposición, a las invenciones que la tradición hace vivir.

Los poetas posteriores a Darío, aun oponiéndosele, no alteraron las bases del sistema y por lo mismo no hicieron sino complementarlo y enriquecerlo. Obviamente el sistema desborda a Darío, pero al estar él, como los restantes modernistas, en sus raíces, quedó conformado o alineado muy fuertemente en sus rasgos definidores. Podría decirse que las más débiles aportaciones de Rubén Darío se fortifican por la vitalidad propia del sistema, beneficiándose de esta estructura que desde casi un siglo sostiene la poesía moderna. El sistema permanece en Julio Herrera y Reissig (Uruguay; 1875-1910) y en Leopoldo Lugones (Argentina; 1874-1938) con toda evidencia; pero también en Ramón López Velarde (México; 1888-1921); en César Vallejo (Perú; 1892-1938) y en Pablo Neruda (Chile; 1904- , su verdadero nombre es Neftalí Ricardo Reyes), quienes no dejaron de reconocer públicamente su deuda con el "viejo" (Rubén Darío); incluso en Enrique Molina (Argentina) y en Octavio Paz (México), cuando se produce la mayor conmoción que haya conocido la poesía americana del siglo XX al recibir el impacto del surrealismo, al abandonar definitivamente el españolismo y al insertar la lírica inglesa moderna y, posteriormente, norteamericana en su desarrollo autónomo.

La concepción del poema no varía esencialmente desde Rubén Darío hasta hoy, aunque es ahora cuando comienza a reexaminarse, lo que, al vaticinar el posible fin de una época de la poesía, apunta también a una trasmutación, también incipiente, de la sociedad hispanoamericana a la que pertenece.

En una tesis doctoral, escrita por un colombiano de nombre Miguel Altamar Altamar, que en su dedicatoria expresa: "Homenaje de un colombiano al más grande poeta de la lengua castellana: Rubén Darío". En el capítulo XIV intitulado "La fobia de algunos", hace referencia a una etapa de la vida del poeta colombiano, José Asunción Silva (1865-1896), que según expresan Enrique Anderson-Imbert y Eugenio Florit, en su libro "Literatura Hispanoamericana", Silva, "paseó por los caminos del jardín romántico que ya estaba mustio; y tan pronto lo vemos pisando las huellas de los prosaicos Campoamor y Bartrina, como apartándose hacia los lugares preferidos por Gustavo Adolfo Bécquer. Toda su obra que es de su juventud, la hizo como adivinando. Tenía afinidad espiritual sobre todo con Edgard Allan Poe." Pero volviendo a lo que dice Miguel Altamar Altamar, referente a los que criticaban a Rubén Darío, expone que:

Darío como todo hombre superior es indiferente a los dardos empozoñados del egoismo o de la envidia que formulan sus críticos de oficio. José Asunción Silva, su contemporáneo más famoso en el campo de la belleza artística, parece no comprenderlo en su afán de nuevas formas, que él sólo puede competir en grados de perfección con el bardo de Nicaragua. Inexplicablemente su apasionamiento lo lleva a oscurecer los méritos innatos de Darío. Hay una antítesis de procedimiento en ambos. Darío indiferente y mudo ante la mezquina maledicencia e incomprensión de los pequeños. Silva no ve con buenos ojos los destellos fulgurantes que la gloria coloca sobre las sienes de sus escogidos. Darío, aconseja, estimula, guía por senderos de seguro éxito a los iniciados y no sufre la nostalgia del triunfo de los predestinados. Silva oculta su mortificación y extrovierte su pena, así en prosa como en verso. Estando en la legación de Colombia en Caracas, escribe al distinguido crítico Baldomero Senín Cano: "De Rubenderíacos imitadores de Catulle Mendés como cuentistas; de críticos al modo de G............, pero que no ha estado en Europa, y de pensadores que escriben frases que se pueden volver como calcetines y quedan lo mismo de profundas, están llenos el diarismo y las revistas.... Y lo más curioso de todo es que en conjunto la producción literaria tiene como sello la imitación de alguien (inevitablemente) y que si usted tiene la paciencia de leer no encuentra una sola línea, una sola página *vivida, sentida o pensada*. Hojarasca y hojarasca. Palabras, palabras, como decía el melancólico principe." Y en verso escribe:

"Sinfonía de color de fresa en leche"

Rítmica reina lírica: Con vesusinos
cantos de sol y rosa, de mirra y laca
y policromos cromos de tonos mil,
oye los constelados versos mirrinos,
escúchame esta historia rubenderíaca,
de la princesa Verde y el Paje Abril,
rubio y sutil.
Vibran sagradas liras que ensueña Psiquis,
son argentados cisnes, hadas y gnomos,
y edenales olores, lirio y jazmín,
y vuelan entelequias y tiquismiquis
de cordales, tritones, memos y monos
del horizonte lírico, nieve y carmín
hasta el confín.
Tras de las cordilleras sombras, la blanca
Selene entre las nubes, ópalo y teras,
fulge como argentífero tulipán,
y por entre lo negro que se esparnanca,
huyen los bizantinos de nuestras letras
con grande afán.

Desde España, el crítico **Clarín**, (Leopolodo Alas), lanza también su mortero de oprobios contra Darío. Éste que nunca contesta a las flechas de la insidia, hace alusión de una frase. Rubén Darío dice: "Mi admiración, mi lectura constante y mi cariño Usted los tiene"...., para referirse a una carta que acaba de recibir de Marcelino Menéndez y Pelayo y agrega Darío lleno de orgullo: "Si quieres saber Clarín quién ha escrito lo anterior, busca la cabeza más alta de España, entre las más altas del mundo".

Es importante mencionar lo que exponen Germán Bleiberg y Julián Marías, con la colaboración de quince especialistas en literatura, entre ellos Rafael Lapesa, en su Diccionario de Literatura Española, Segunda Edición, 1953; referente a Pablo Neruda, cuando expresan claramente que:
La voz poética de Neruda es una de las más auténticas que han surgido en este siglo entre los cultivadores de la poesía de habla española. Después de Rubén Darío es quizá el único poeta americano que ha influido en la lírica peninsular (página 502).

Marcelino Menéndez y Pelayo, izquierda; y, Miguel de Unamuno y Jugo

Julio Herrera y Reissig, izquierda; Arturo Marasso, centro, y Leopoldo Alas "Clarín"

Enrique Anderson Imbert, izquierda; y, Guillermo de Torre

El Modernismo, según Ángel Balbuena Briones

Numerosos poetas y prosistas se agruparon bajo el término de modernismo, fundiendo y unificando varias direcciones de pensamiento. Una estudiada teoría dirigía la producción filosófica y literaria en un afán de superación y de reacción frente a la experiencia vital. Esta actitud estética adquirió, desde el comienzo, un marcado signo poético. La lírica dio sentido y circunstancia al credo desafiante. Una serie de profetas del arte divulgaron e impusieron el nuevo gusto, conscientes del valor de la propaganda. Quizá la inclinación a lo *raro* tenga su explicación en el deseo de llamar la atención, de pasar percibido. La literatura, incluso en el género lírico, obtuvo un cariz profesional. El cosmopolitismo de esta generación subrayó su designio. Para encontrar el arte analizó el artificio, y la actividad viajera permitió la comparación de técnicas y aproximaciones al menester intelectual. Estuvieron alerta a todas las manifestaciones culturales y trataron de aprovechar lo que más les convenía y lo que les era más útil. París era el centro anhelado, más por ser la meca de las diferentes corrientes del mundo occidental que por representar una cultura tradicional y castiza. En el famoso café de *Calisaya* los reunidos se enteraban de lo que eran los *haiku*, de la filosofía de Max Nordau, de lo que significaba la teosofía, y del valor artístico de las danzas africanas del Congo. Se trataba de un luminoso trampolín para poder saltar a Londres, a Madrid, a Roma, a Ginebra, guiados siempre por un deseo elogioso de conocer y de encontrar lo sorprendente. Nacía así la literatura comparada. Y fueron primordialmente los vates hispanoamericanos los que concibieron este espíritu de unidad e interrelación del complejo movimiento.

Ya Miguel de Unamuno se percató de la dificultad de hallar una definición conveniente:
"No sé bien qué es eso de los modernistas y el modernismo, pues llaman así a cosas tan diversas y hasta opuestas entre sí, que no hay modo de reducirlas a una común categoría".

Hemos indicado ya ese afán de acudir a distintas fuentes de información. Además, al determinarse estas ideas en un estilo, hubo una desviación de actitudes; una, la más caracterizante, fue la estética; otra, un poco anterior en el nacimiento, pero fundida al resto, investigaba la determinación social, ésta fue el naturalismo; finalmente, de la combinación de ambas, se generó una tercera, de énfasis nacionalista, que con técnicas rigurosas, conscientes de lo bello, trató de precisar lo que constituía lo auténticamente americano y que recibió el apelativo de criollismo.

Todas estas perspectivas ayudaron a este renacimiento de las letras hispánicas. Rufino Blanco Fombona, crítico muy alerta de su momento, llamó la atención sobre la importancia del mismo:

> "En la historia literaria de América la época del modernismo ha sido la mejor, ¡Cuántos y qué buenos poetas y prosistas! Incluso en España, país de tan larga y gloriosa tradición de cultura, la época del modernismo es digna de admiración y estudio. En general, para la expresión literaria en lengua de Castilla, ¡Qué época tan feliz!"

Los estudiosos han preferido acercarse a la exégesis estableciendo las coordenadas generales. En un sentido amplio, puede ser considerado como el movimiento intelectual y artístico que inicia la época contemporánea. En esta línea de interpretación se hallan la mayor parte de los intentos de definición la ya clásica de Federico de Onís que dice:

> "El modernismo es la forma hispánica de la crisis universal de las letras y del espíritu, que inicia hacia 1885 la disolución del siglo XIX y que se había de manifestar en el arte, la ciencia, la religión, la política y gradualmente en los demás aspectos de la vida entera, con todos los caracteres, por lo tanto, de un hondo cambio histórico, cuyo proceso continúa hoy."

Juan Ramón Jiménez se aproximó al entendimiento de la época de manera semejante, cuando expresó lo siguiente:

> "El modernismo no fue solamente una tendencia literaria: el modernismo fue una tendencia general. Alcanzó todo. Creo que el nombre vino de Alemania, donde se producía un movimiento reformador por los curas llamados modernistas. Y aquí, en España, la gente nos puso ese nombre de modernistas por nuestra actitud. Porque lo que se llama modernismo no es cosa de escuela ni de forma, sino de actitud. Era el encuentro de nuevo con la belleza sepultada durante el siglo XIX por un tono general de poesía burguesa. Eso es el modernismo: un gran movimiento de entusiasmo y libertad hacia la belleza."

Varios han sido los intentos de situar el término en la literatura. La mayoría de ellos participan en un concepto amplio y general. El modernismo derivó del romanticismo. Las dos cosmovisiones no implican oposición. Los poetas que proclamaron el símbolo del cisne continuaron la campaña de libertad métrica comenzada por los románticos. Unos y otros coincidieron en el sentido de aristocracia y de reacción frente al materialismo y la industrialización de la época. Fue precisamente en la poesía en donde el nuevo espíritu surgió con más fuerza e irradiación. El parnaso lírico buscaba de una manera más profesional el hallazgo de la belleza en la expresión verbal, y creyó hallarlo en la música del verso, en la sutilidad y relación de las sensaciones, la sensación secundaria es un procedimiento distintivo, en la selección de temas, símbolos, signos sugerentes y lenguaje. La labor de las letras se constituyó en una ciencia de elaborado mecanismo, cuya paciente fábrica, en la que la intuición señalaba el camino seguro, requería técnicas y medios retóricos.

La categoría *modernismo* tiene una aplicación más operante si tratamos de definirla con un criterio más riguroso y estricto. Aceptado el hecho de que es en la poesía en donde este movimiento adquiere la expresión más determinada, la interpretación de la producción de este género en dicho período da la clave apetecida.

Entre 1888, fecha de la aparición de *Azul* en Chile, y 1910, año de la muerte de Julio Herrera y Reissig, se señala el auge de la escuela. No quiere esto decir que los escritores con tendencias modernistas empezaron a publicar su obra en el primer momento indicado ni que dejaron de hacerlo en el segundo. Rubén Darío murió en 1916 y todavía se siguió su enseñanza. Sean ejemplo los libros *El templo de los alabastros*, 1919, y *La copa de Hebe*, 1922, del puertorriqueño **Joaquín Rivera Chevremont**. Se trata simplemente del momento cúspide. Y cabría el preguntarse, ¿por qué 1888 es la fecha reconocida como determinante de la victoria estética de esta tendencia? Bien pudiera haberse escogido otro número que correspondiera con las composiciones de **Manuel Gutiérrez Nájera**, **Julián del Casal** o **José Asunción Silva**, que lo iniciaron con anterioridad. La contestación es que *Azul*, no solamente forma un todo coherente, definitivo, sino que, además, es la obra que Juan Valera, en una crítica famosa, recogida en *Cartas Americanas*, 1889, analizó como el exponente del nuevo estilo. La aseveración vino apoyada por el hecho de que el autor fue el apóstol más eficaz de tal estética. Así el colombiano Silva, que formuló la misma tónica, declarándolo humildemente en las prosas *De Sobremesa*, en la pág. 14, afirma que había realizado una "tentativa mediocre para decir en nuestro idioma las sensaciones enfermizas y los sentimientos complicados que en formas perfectas expresaron en los suyos Baudelaire y Rossetti, Verlaine y Swinburne"; esa calidad no fue respaldada en las obras de José Asunción Silva en sus libros fundamentales, como lo hizo el poeta nicaragüense, Rubén Darío, ni obtuvo el influjo alcanzado por éste. Precisado el período de apogeo, podemos adelantar una definición. **El modernismo en poesía es un movimiento de objetivo estetizante, que continúa en parte la corriente romántica, y que introduce en la lengua castellana una renovación de formas y temas al asimilar la lírica francesa del Parnaso o del simbolismo.** Y que los italianos, en el *Dizionario enciclopedico italiano*, Roma, 1957, se ha aceptado una definición cercana:

> "Il modernismo è un movimento letterario iberoamericano le cui prime expressioni si riscontrano nelle rime e nelle prose di **Azul** di Rubén Darío, publicate nel 1888, e che, almeno nell'opera di questo innovatore e caposcuola, consiste nel ripudio delle forme letterarie tradizionali e nell'adesione alla tecnica dei parnassiani e decadenti".

De izquierda a derecha: Salvador Díaz Mirón (México, 1853-1928), Julio Herrera y Reissig (Uruguay, 1875-1910) y Manuel Gutiérrez Nájera (México, 1859-1895).

Hacia el crepúsculo de la centuria pasada se advertía una evolución en el gusto. La preocupación por la pureza expresiva y la relación entre inspiración y método produjeron el cambio. El mejicano Manuel Gutiérrez Nájera indicó la transición en poemas, como "La serenata de Schubert" o "La duquesa Job". Fundó, además, la *Revista Azul*, que fue abrigo y exposición de los modernistas. El cubano Julián del Casal, seguidor de las teorías de Banville, se declaraba parnasiano en *Bustos y rimas*, 1893, y el colombiano José Asunción Silva, autor del famoso "Nocturno", 1894, de ritmo tetrasilábico, hizo valiosas aportaciones a la escuela, pudiéndosele relacionar en algún momento con el simbolismo.

Entre los **precursores** suele añadirse a los nombres citados el del cubano **José Martí**, autor de "Versos Sencillos", 1891, y el del mejicano **Salvador Díaz Mirón** con su libro "Lascas", 1901.

Rubén Darío, debido a su actividad literaria, dio el impulso definitivo al movimiento modernista. La fecunda virtuosidad y talento poético le facilitó la asimilación de temas, formas y sensibilidades. En Buenos Aires se erigió en caudillo de la escuela que admiraba a la París cosmopolita. Más tarde, en la capital de Lutecia, en contacto directo con los simbolistas, influyó a los compañeros de letras que lo visitaron. Amado Nervo fue un ejemplo. **En Madrid conoció a los hombres de la generación del 98, a quienes, según la opinión de Pedro Salinas, otorgó un lenguaje.**

Los modernistas no se adaptaron a la realidad, estuvieron en lucha con ella, y escondieron sus susceptibilidades en una torre de marfil, ya fuera el mundo dieciochesco de Rubén Darío, ya la *Torre de los Panoramas*, de Julio Herrera y Reissig, ya las chinerías del colombiano **Guillermo Valencia** (1873-1943).

El término *moderno* los entusiasmó. Lo recogieron de los parisienses. Los hermanos Goncourt lo habían cuidadosamente empleado:

"Oui, oui! Le moderene, tout est là ¡... Tous les grands artistes, est-ce que ce n'est pas de leur temps qu'ils ont dégagé le Beau?"

Y **Arthur Rimbaud** (Francia, 1854-1891), el "enfant terrible" del simbolismo, había dicho: "Il faut être absolument moderne". Se le ha considerado el precursor del simbolismo y también como uno de los precedentes de la poesía de vanguardia del siglo XX. El espíritu nuevo lo divulgó la revista francesa **Le moderniste**. Los temas tendían a lo raro. Rubén Darío dijo en *Impresiones de Santiago*, 1889, "Lo extremadamente exótico lo tienen los franceses y lo procuran..." La China y el Japón, con su lejanía geográfica y cultural, merecieron especial atención. Un libro póstumo de **Théophile Gautier** se tituló *L'Orient*, 1877. **Louis Bouilhet** había traducido poesías chinas en sus libros y también lo había hecho Judith Gautier, la hija de Théophile Gautier y esposa de Catulle Mendès. Guillermo Valencia recogería esta tendencia en su libro de traducciones *Catay*, 1928. La Francia, rococó y elegante, atrajo también la admiración; *Prosas Profanas* es el ejemplo típico. La Grecia antigua obtuvo constante inquisición. El helenismo venía de los textos de Chénier, de **Leconte de**

Lisle y de **Louis Menard**. El lenguaje poético contenía una serie de símbolos detenidamente seleccionados, provenientes de estas investigaciones culturales. El colombiano **Guillermo Valencia**, en **Ritos**, 1898, asimiló estos rasgos haciéndose representativo de la modalidad.

Una serie de revistas propagaron los nuevos ideales. En Argentina, Revista de América, Buenos Aires y El Mercurio de América; en México, Revista Azul y Revista Moderna; en Caracas, El cojo ilustrado; en Montevideo, Revista Nacional de Literatura y Ciencias; en La Habana, El Fígaro; en Santiago de Chile, Pluma y Lápiz; en Bogotá, Revista Gris. Y los nombres elegidos eran: Rubén Darío, Santos Chocano, Julio Herrera y Reissig, Leopoldo Lugones, Amado Nervo, Guillermo Valencia, etc.

Catulle Mendés, izquierda; y Théophile Gautier

Juan Valera y Alcalá-Galiano

Paul Verlaine, izquierda; Arthur Rimbaud; y, José Asunción Silva, derecha.

José Asunción Silva (Colombia, 1865-1896)

Existen autores de historias de la literatura, que abordan el modernismo y que ni siquiera mencionan a José Martí ni en la prosa y mucho menos en la poesía, considerando que Martí cultivó la métrica menor y sus escritos fundamentalmente son de carácter politico y de grandes ideas en este campo; autores como **Agustín del Saz** en su "Historia de la Literatura", Editorial Juventud S.A., Barcelona, 1958; en el capítulo XLVI, "Parnasianos y Simbolistas. El Modernismo", aborda a los poetas franceses parnasianos, porque todos ellos coleccionaron sus poesías en un libro titulado "El Parnaso", 1866, nombre del monte que en Fócima (Grecia) era morada principal de las Musas según la fábula. El movimiento se llamó **parnasianismo** y sus poetas se distinguieron por el cuido especial de la forma y por la atención hacia la belleza plástica. La principal figura es **Leconte de Lisle** (1818-1894), traductor de los griegos y heredero de la vacante que dejó en la Academia nada más y nada menos que Víctor Hugo.

Este autor, Agustín del Saz, en la mencionada "Historia de la Literatura", al abordar la sección de El Modernismo, expresa textualmente lo siguiente:

"El prosaísmo de la poesía realista lleva a una reacción hacia el cuido esmerado de la forma métrica y de la dicción. Las escuelas francesas simbolistas y parnasiana dejan sentir su influencia. En la literatura española, esta protesta contra los que creían que la forma era una cosa secundaria a la poesía se denominó **modernismo**. Los modernistas renovaron el vocabulario poético y dieron a la sintaxis una mayor ligereza. Tiene precedentes españoles como **Salvador Rueda** (1857-1933), primero maestro y luego continuador de Rubén Darío, y algunos grandes poetas de Hispanoamérica, como **Salvador Díaz Mirón** (México, 1853-1928), **Julián del Casal** (Cuba, 1863-1893), cuyos "*Cromos españoles*" contienen una poesía cuidada y bella, y el gran poeta **José Asunción Silva** (Colombia, 1865-1896), cuyos "*Nocturnos*" sobre todo el III, es una de las más intensas poesías de nuestro idioma (vaguedad de bellísima poesía, evocación y misterio, cuantidad silábica, musicalidad extraordinaria, etc.).

Rubén Darío (1867-1916). Nació en Metapa, Nicaragua, en su niñez fue considerado un prodigio infantil y, llamado por los presidentes, visitó Centro América. Vivió en Chile y en la Argentina, donde ejerció una gran influencia y también en Europa, sobre todo en París. Fue ministro (embajador) de Nicaragua en Madrid, donde también ejerce influencia sobre los jóvenes escritores. Rubén Darío realiza en la poesía española una tan grande renovación que sólo puede equipararse a la de Góngora en el siglo XVII. Da vida en español a las direcciones poéticas francesas, utiliza formas métricas variadas que renueva, así como el vocabulario castellano, que adquiere una gran riqueza.

Empezó bajo la influencia de los románticos y post-románticos españoles y franceses, pero su obra renovadora comienza con el libro *Azul* (Valparaíso, Chile, 1888), en que, en prosa de fina originalidad, pone los motivos que había asimilado de sus lecturas francesas en unos deliciosos cuentos poéticos: *El velo de la reina Mab, La canción del oro, El rey burgués, etc.* Los poemas contenidos en este libro son pocos, pero en su *Año lírico*, sobre las cuatro estaciones, lleva la silva y el romance a su mayor delicadeza. En este libro aparecieron los sonetos alejandrinos, de los que es modelo *Caupolicán*. Entre los otros libros de Darío, *Prosas profanas* (Buenos Aires, Argentina, 1896), es el que representa su plenitud poética. De ella es un modelo su famosa *Sonatina*, lo más perfecto del modernismo, escrita en sextinas y versos alejandrinos (La princesa está triste, ¿qué tendrá la princesa?).

Luego publicó *Cantos de vida y esperanza* (Madrid, 1905), en que, de vuelta de los temas cosmopolitas, incorpora los de la raza hispanoamericana (*A Roosevelt, Un soneto a Cervantes* y *Salutación del optimista*, con la más alentadora lección hispana de entusiasmo). En este libro figura también la más formidable interpretación musical que de un tema épico se ha hecho en español: **La marcha triunfal**, en que sigue un pie anfíbraco constante (*Ya viene el cortejo. Ya se oyen los claros clarines. La espada se anuncia con vivo reflejo....*). En los demás libros de Rubén Darío también se encuentran poemas popularísimos, como el conocido cuento infantil *A Margarita Debayle Sacasa*.

Los otros poetas modernistas en lengua española.
El colorido y la música del modernismo y los motivos de Darío (temas del siglo XVIII francés: ninfas, sátiros, jardines versallescos, princesas pálidas, etc.) encuentran eco en la poesía de habla castellana, y así tenemos a los españoles Tomás Morales (1886-1921); Manuel Machado (1874-1947), que estiliza los temas populares de su región andaluza como en *Cantares*; Francisco Villaespesa (1877-1935), de desbordante fantasía en *El alcázar de las Perlas*, cuyas sonoridades fueron el triunfo mejor del teatro poético; Eduardo Marquina (1879-1946), Ramón María del Valle-Inclán, Luís Fernández Ardavín (Madrid, 1892-), etc.

En el continente americano se producen también nombres de extraordinario valor poético, como Leopoldo Lugones (Argentina, 1874-1938), Amado Nervo (México, 1870-1910), cuya poesía de cierto misticismo y sus dolores le llevan a Dios: *La amada inmóvil* es de lo más representativo de su obra, que es muy conocida en los países hispánicos; como el gran Guillermo Valencia (Colombia, 1872-1943), poeta intelectual con poemas como *Palemón el estilista* y *San Antonio y el Centauro*; como Julio Herrera y Reissig (1875-1911), poeta uruguayo de extraordinaria originalidad y humorismo que ha sido considerado como el primer vanguardista de la poesía latina; como José Santos Chocano (Perú, 1875-1934), moderno cantor de la raza hispanoamericana; y tantas otras personalidades de primer orden, como Ricardo Jaimes Freire (Bolivia, 1872-1933), Enrique González Martínez (México, 1871-1952); Rufino Blanco Fombona (Venezuela, 1874-1944); Ricardo Miró (Panamá, 1883-1940), etc.

Como se puede observar, Agustín del Saz no menciona en ninguna parte a **José Martí**, por una sencilla razón: Martí no es considerado por los españoles como un poeta, lo reconocen como prosista, orador y político. Y para confirmar lo anterior, debo recurrir a lo que expresa Don **Ramón D. Perés**, en sus dos tomos de la "Historia de la Literatura Española e Hispanoamericana", Editorial Ramón Sopena, S.A., Barcelona, 1964; y que en la página 596, expresa claramente lo siguiente y cito textualmente:

"Pero viniendo a época más cercana, reclaman ya un lugar **José Martí** (n.1853), **más famoso como orador**, **prosista y político que como poeta**, hondo conocedor de las principales literaturas extranjeras, y **Julián del Casal** (n. 1863), muerto a los treinta años, quienes figuran como iniciadores del modernismo en América, junto con los mexicanos Salvador Díaz Mirón (n. 1853) y Manuel Gutiérrez Nájera (n. 1859).

En cuanto al poeta mexicano, Enrique González Martínez, en el Tomo Segundo del libro "Antología del Modernismo 1884-1921", editado por la Universidad Nacional Autónoma de México, 1970, y dirigido por **José Emilio Pacheco**, expresa textualmente lo siguiente:

"Enrique González Martínez autor de *Tuércele el cuello al cisne*, considerado por Pedro Henríquez Ureña, en "Los senderos ocultos", 1911, como un manifiesto literario antimodernista o síntesis de doctrina estética. Para Rufino Blanco Fombona, con él

termina el ciclo modernista. La tradición ve en este soneto un ataque al modernismo en general y a Rubén Darío en particular.....
En efecto González Martínez se apartó del esteticismo modernista, pero no antes que Darío y Nervo. Sus versos buscaban, dice él mismo: "el culto al silencio, el ansia de comunidad con la naturaleza, el espíritu de contemplación y la angustia interrogante frente al misterio de la vida".

"Ninguno de estos propósitos era ajeno al modernismo. Lo que hizo Enrique González Martínez fue subrayar los elementos simbolistas en detrimento de los rasgos parnasianos que prevalecieron en la etapa anterior. Para 1911 ya Amado Nervo había torcido el cuello al cisne o a la elocuencia o al cisne de la elocuencia, y abierto un camino de aspiración a la serenidad resignada. Francisco de Onís y Sánchez observa que esto es un rasgo mexicano, de raíz indígena, inconcebible en, por ejemplo, Miguel de Unamuno y Jugo cuya lucha es de signo inverso: precisamente por no resignarse."

Tuércele el cuello al cisne de engañoso plumaje
que da su nota blanca al azul de la fuente;
él pasea su gracia no más, pero no siente
el alma de las cosas ni la voz del paisaje.

Huye de toda forma y de todo lenguaje
que no vayan acordes con el ritmo latente
de la vida profunda... y adora intensamente
la vida, y que la vida comprenda tu homenaje.

Mira al sapiente búho cómo tiende las alas
desde el Olimpo, deja el regazo de Palas
y posa en aquel árbol el vuelo taciturno....

Él no tiene la gracia del cisne, mas su inquieta
pupila, que se clava en la sombra, interpreta
el misterioso libro del silencio nocturno.

Enrique González Martínez
"Los senderos ocultos" 1911

En referencia a este poema y la percepción que del mismo poema hubo en esos tiempos, tengo la suerte y el privilegio de ofrecer al lector la versión aclaratoria del mismo poeta mexicano, Enrique González Martínez, expresada a un joven y brillante poeta cubano que lo visitó en el año 1947, y que hoy radica exilado en Miami y me honro en conocerle personalmente; su nombre: **Luís Ángel Casas Terradas** (n. 10 de Julio de 1928), quien conversó largamente en esa ocasión con el poeta mexicano, quien le dejó saber que realmente su crítica estaba dirigida a los malos imitadores de Rubén Darío y ciertos tópicos "modernistas" usados por esos mismos malos imitadores.

Lo cierto es que no sólo Rubén Darío había retorcido cuellos de cisne antes que el poeta Enrique González Martínez (1871-1952), sino que, desde "Cantos de vida y esperanza" (1905), nadie podía acusarlo de frivolidad y superficial esteticismo. Lo interesante de esta conversación de mi distinguido amigo **Don Luís Ángel Casas Terradas** (el mejor y más grande poeta cubano dentro y fuera de Cuba, según la opinión de mi querido y distinguido amigo, Dr. Orlando Tijerino Molina, poeta y médico) y el poeta mexicano, hizo que el poeta y joven cubano le dedicara un poema titulado "Resurrección del Cisne", publicado en el poemario "**El genio burlón y otros poemas**", editado por la ONBAP, La Habana, Cuba, 1959; del cual poseo un número con dedicatoria de **Don Luís Ángel Casas**, obsequio recibido en el 2004, entre otras obras de su autoría . Dicho poema dice:

Cuando inmortal naciste, ¡oh Cisne!, entre los gansos,
los gansos se burlaron de ti, que eres distinto.
Los que se dicen justos, los que se dicen mansos,
contra ti conjuraron las furias de su instinto.

Cuando inmortal creciste, ¡oh Cisne!, en la laguna,
y desplegaste el símbolo de amor de tu plumaje,
te negaron el alma, la voz y hasta la cuna,
ellos, que aún se proclaman los amos del paisaje.

Pero una noche, ¡oh Cisne!, les dejarás tu canto.
A la luz del crepúsculo ya jamás podrán verte;
y sin embargo, ¡oh Cisne!, volviendo del Espanto,

Tu voz será ese cuello que quisieron torcerte
con esas mismas manos que enjugarán tu llanto.
¡Y pongo, por testigo, al buho de la Muerte!

(La Habana, Cuba, 1959.)

De izquierda a derecha: Flavio Rivera Montealegre, poeta y Dr. Orlando Tijerino Molina, poeta Don Luis Ángel Casas Terradas, poeta y Dr. Guillermo Gómez Brenes, Ing. Rafael Córdoba Úbeda y Lic. César Lacayo, presidente del CEPI. (Foto por Oscar Uriarte)

En la foto de la izquierda, el excelso y distinguido poeta cubano, Don Luis Ángel Casas Terradas y Flavio Rivera Montealegre, durante una entrevista realizada en la residencia del poeta Casas, en Miami. De fondo, sobre la pared, se ven todos los Certificados que acreditan al poeta Casas como miembro de las más importantes Academias de Literatura de habla hispana, de Suecia, de Estados Unidos de América, y, lógicamente, de España. (Foto tomada por Alfredo Mora)

Don Luis Ángel Casas Terradas, el más grande poeta cubano del siglo XX

Resumen de la características del modernismo

El Modernismo, resumiendo todo lo antes expuesto, es objeto de distintas interpretaciones, con estas dos posturas fundamentales:

- La más restrictiva lo considera un movimiento literario bien definido que se desarrolló entre 1887 y 1915, según unos, otros lo ubican entre 1888 y 1916, que representan la publicación de "Azul", en Chile, y la muerte de Rubén Darío.

- La más amplia considera que el modernismo no es sólo un movimiento literario sino toda una época y la actitud que le sirvió de base.

Conciliando ambas, cabría definir el *modernismo literario* como un movimiento de ruptura con la estética vigente que se inicia en torno a 1880 y que su desarrollo fundamental alcanza hasta la Primera Guerra Mundial, 1916, año en el que falleció Rubén Darío. Tal ruptura se enlaza con la amplia crisis espiritual de fin de siglo.

El *modernismo hispánico* es una síntesis del Parnasianismo y del Simbolismo: de los primeros toma la concepción de la poesía como bloque marmóreo, con el anhelo de perfección formal, los temas exóticos, y los valores sensoriales; de los segundos la concepción de que el arte debe sugerir, y la búsqueda de efectos rítmicos dentro de una variada musicalidad. Las principales características del modernismo son:

- El rechazo de la realidad cotidiana, ante la cual el escritor puede huir en el tiempo (evocando épocas pasadas y mejores) o en el espacio (muchos de los poemas se desarrollan en lugares exóticos y lejanos).

- Una actitud aristocratizante y cierto preciosismo en el estilo, así como la búsqueda de la perfección formal (de inspiración parnasiana) que se aprecia no sin cierto individualismo.

- La búsqueda de la belleza se consigue a través de imágenes muy plásticas y acercamiento a las artes, de una adjetivación con predominio del color y con imágenes relacionadas a todos los sentidos, así como con la musicalidad que produce el abuso de la aliteración, los ritmos marcados y la utilización de la sinestesia (influencias del simbolismo).

- Tanto la fidelidad a las grandes estrofas clásicas como las variaciones sobre los moldes métricos, utilizando versos medievales como el alejandrino, el dodecasílabo y el eneasílabo; con aportes de nuevas variantes al soneto.

- El uso de la mitología y el sensualismo.
- Una renovación léxica con el uso de helenismos, cultismos y galicismos, que no buscaba tanto la precisión como el prestigio o la rareza del vocablo.
- El deseo innovador que aspiraba a la perfección que apreciaban en la literatura europea.
- La adaptación de la métrica castellana a la latina.
- El culto a la perfección formal, con poesía serena y equilibrada.

Francisco Contreras, Gabriel D'Annunzio y Leopoldo Lugones Argüello

De izquierda a derecha: Juan Ramón Molina, Juan Ramón Jiménez, Edelberto Torres Espinosa, Azorín y Gregorio Marañón

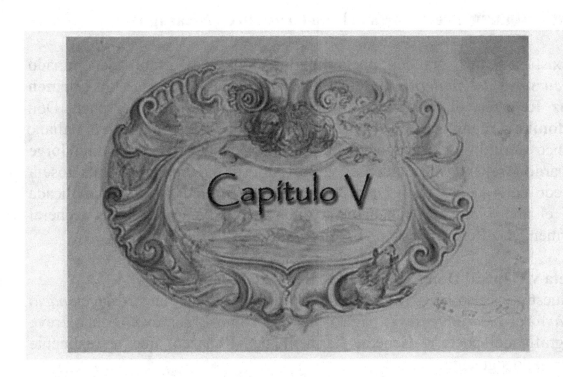

Precursores del Modernismo en Nicaragua

Existieron tres grandes poetas pertenecientes al grupo denominado *precursores del modernismo*, ellos fueron el General y poeta Don **Carmen Díaz Reñazco**, el poeta **Don Juan Iribarren Somoza** y el poeta Don **Antonino Aragón**. De ellos existen investigaciones realizadas por el italiano Franco Cerutti; por el inagotable y profundo investigador granadino Jorge Eduardo Arellano, nicaragüense; y, por parte de la Profesora Doña Josefa Toledo de Aguerri, quien en su *"Revista Femenina Ilustrada"*, publicada por el año 1956, aproximadamente, nos dejó la única foto del General Carmen Díaz Reñazco y de muchos otros valores nacionales.

Poeta y General Don Carmen Díaz Reñazco (1835-1892)

Nuestro excelso investigador, Jorge Eduardo Arellano, en su *"Diccionario de autores nicaragüenses"*, página 105 del Tomo I, nos expone una breve biografía del poeta y General Carmen Díaz Reñazco, que textualmente expresa lo siguiente:

"Poeta, nació en Managua el 2 de Julio de 1835. Llamado José del Carmen, tenía un mes de nacido cuando perdió a su padre, Don Ramón Díaz Tejada, su madre fue Doña Paula Reñazco Rovira; entonces su tío paterno, el Profesor Domingo Díaz, le enseño las primeras letras y le transmitió la afición a la literatura. Al contar 19 años de edad, inició su carrera militar como ayudante del General Fruto Chamorro Pérez en el sitio de Granada, durante la guerra civil de 1854. Por esos días, escribió una encendida proclama en la ciudad de Masaya; luego militó en la guerra nacional contra los filibusteros. En 1857 partió hacia Costa Rica con las tropas aliadas de esa nación, llevando el grado de coronel. En el mes de Julio de 1858 contrajo matrimonio en la ciudad de Esparta, en Costa Rica, con la señorita Francisca Recinos Ureña (n. 29 de Noviembre de 1844 – m. 17 de Octubre de 1885), hija legítima de Damián Recinos Aguilar y Timotea Ureña (datos investigados por Don José Enrique Solórzano Martínez, descendiente de la misma familia y pariente cercano con la familia Montealegre). Poco tiempo después, dejó a su esposa en un convento y regresó a Nicaragua para socorrer a sus familiares y amigos de la peste del cólera. En 1861 el presidente de Nicaragua, Gral. Tomás Martínez Guerrero lo nombró Jefe Político del Departamento de Nueva Segovia, al norte de Nicaragua; cargo que desempeñó por dos años. Opuesto a la reelección del Gral. Tomás Martínez, se unió a la falange que perseguía la unión centroamericana, y en Choluteca, Honduras, escribió una proclama en ese sentido; pero tuvo que marcharse a Costa Rica en 1863; reclamó a su esposa en el convento y se dedicó al comercio y a la agricultura durante veinte años. En Esparta, Costa Rica, procreó ocho hijos, entre ellos quien fuera presidente de Nicaragua, Adolfo Díaz Recinos. El 18 de Diciembre retorna a Managua, Nicaragua; donde le ofrecen un caluroso recibimiento; desde entonces, su casa se convierte en punto de reunión de los intelectuales del "Barrio Latino", en el centro de Managua, atraídos por la belleza de sus tres hijas mayores. Entre ellos figuraban Modesto Barrios, Jesús Hernández Somoza, José Dolores Espinoza, Manuel Riguero de Aguilar, Cesáreo Salinas, Manuel Calderón, Félix Medina y Rubén Darío. En 1885 se dirige a la intendencia de Cabo Gracias a Dios, nombrado por el presidente de Nicaragua, Dr. Adán Cárdenas del Castillo (presidente desde 1883 a 1887), con el cargo de Inspector General de esa comarca. Ese mismo año (1885), de visita en la capital, perdió a su esposa como consecuencia del terremoto el 11 de Octubre de 1885. Su esposa acababa de dar a luz a su última hija y a consecuencia de la impresión falleció seis días después. Esta pérdida abatió mucho al poeta Carmen Díaz. Amaba entrañablemente a su esposa y a ella dedicó la mayor parte de producción romántica y sentimental.

Posteriormente, se trasladó a la ciudad de Granada (Nicaragua) para administrar el ingenio de azúcar de la Compañía de San Rafael, cerca de Nandaime; allí, según la tradición oral de la familia, se suicidó tomando veneno el 19 de Mayo de 1892.
Valoración: Espontáneo, emotivo y sencillo, Carmen Díaz se ejercitó en el verso como pocos de sus contemporáneos; con escasa cultura literaria, abrevada en los románticos españoles, realmente poseía "inspiración", según lo señaló Rubén Darío, en su escrito **El viaje a Nicaragua**."

Gran parte de la información biográfica del poeta Carmen Díaz Reñazco fue suministrada a Franco Cerutti por Doña Elena Díaz de Solórzano, Doña Amelia Díaz de Castellón y Don Alberto López Callejas. Toda esa información fue recopilada por Don Adolfo Solórzano Díaz en su trabajo crítico. Otra fuente de mucha importancia es la Gaceta Oficial de Nicaragua, año 1860, en donde se acostumbraba publicar poemas y escritos literarios; y en los últimos años, la Revista Conservadora del Pensamiento Centroamericano.

Poeta Don Antonino Aragón

Nació el 20 de Enero de 1835, en la ciudad de León, Nicaragua; día en que el volcán Cosigüina, en el Departamento de Chinandega, hizo la erupción más espantosa que jamás volcán alguno había hecho hasta entonces. No se conocen datos de sus padres, ni de su esposa y su familia, aunque hay descendientes del poeta. Poco se sabe de su vida, no obstante, es de suponerse, como lo apunta otro biógrafo suyo, que recibiera esmerada educación "puesto que durante el tiempo que residió en Guatemala, se dedicó en diversos colegios y casos particulares, a la enseñanza de los idiomas inglés, francés e italiano, que dominaba con bastante perfección", al decir de José María García, en su obra *El Parnaso Centroamericano*, editada en Guatemala en 1882 y posteriormente en 1962.

Añade Rubén Darío, que "Don Antonino Aragón era un varón excelente, nutrido de letras universales, sobre todo clásicas, latinas y griegas. Me enseñó mucho y él fue quien me contó algo que figura en las famosas Memorias de Garibaldi", expresado en *La vida de Rubén Darío. Escrita por él mismo*, página 45. En Antigua, Guatemala, publicó poemas fechados en 1855 y 1856; en ese mismo país publicó una recopilación de poemas que tituló "**Suspiros del Infortunio**", en 1858. Los críticos y analistas literarios, sacan conclusiones, al decir de sus poemas, que posiblemente haya tenido alguna relación sentimental, cultivando francas amistades con personas de la sociedad antigüeña, entre las que destacan las hermanas Miguelena y a Doña Virginia Guzmán de Villafuente, a las que dedicó algunas de sus composiciones. Nada trascendental parece haberle ocurrido en aquellos años. Nada de eso, por lo menos, refleja su producción poética, pues si bien es cierto que a menudo se refiere, en sus poemas, a sufrimientos, desgracias e infortunios, eso parece más bien un recurso literario muy de acuerdo con la tónica romántica que en esos tiempos estaba en su apogeo, que el testimonio fehaciente de calamidades realmente ocurridas. En Guatemala sin embargo, fue en donde estableció una estrecha amistad con el poeta español Don Fernando Velarde del Campo (n. Diciembre 12, 1823; en Hinojedo, Santander-m. Febrero 15, 1881; Londres), a los diecinueve años de edad emigró a América y trabajó como periodista y profesor; famoso en esos tiempos y olvidado en estos días del siglo XXI, pero rescatado del olvido por Don Marcelino Menéndez y Pelayo. De ese poeta recibió gran influencia

Don Antonino Aragón, especialmente en su obra titulada "**Cantos del Nuevo Mundo**", de quien uno de sus principales biógrafos, Uriarte, expresa que

"Aragón reúne a la melancolía de sus rimas lo castizo del lenguaje y la sonoridad de su versificación, en que tomó por modelo a Fernando Velarde, el poeta de moda en aquella época, y cuya amistad cultivó en cierta especie de fanatismo".

Poeta Juan Iribarren Somoza (1827-1864)

El poeta Juan Iribarren nació en la ciudad de Masaya, Nicaragua; el 9 de Septiembre de 1827. Fue hijo fuera de matrimonio entre doña Juana Iribarren y don Fernando Bernabé Somoza Robelo que a su vez es el tatarabuelo del Gral. Anastasio Somoza García. Los abuelos paternos del poeta fueron don Casimiro Somoza Sánchez y doña María Clara Robelo. Juan Iribarren casó con la señorita Bernabela Bermúdez Argüello, en 1858 a la edad de 31 años, con quien procreó tres hijos: Pedro Antonio Iribarren Bermúdez que murió a la temprana edad de 16 años, otro hermano muere muy niño, y su hermana Bernabela "Belita" Iribarren Bermúdez que contrajo nupcias con don Fruto Chamorro Bolaños, sin sucesión.

El poeta Iribarren estudió en la Universidad de Oriente, en Granada, de la que sería secretario. Impartió clases en casas particulares de familias granadinas. Viajó sietes veces a Europa, unas veces por prescripción médica y por placer; en una ocasión lo hizo en misión diplomática, para arreglar el Concordato de la Santa Sede con el gobierno de Nicaragua encabezado por el Gral. Tomás Martínez Guerrero, durante el año de 1861.

Se conoce, como detalle curioso en su vida, que introdujo el zacate "Pará" en la ciudad de Granada. Se le conoce como el "Poeta de la Guerra Nacional", porque escribió poemas patrióticos contra los filibusteros norteamericanos con William Walker a la cabeza. También era un próspero comerciante, pues había fundado una casa de importaciones con Joaquín Zavala que fuera mas tarde presidente de la nación.

Juan Iribarren es uno de los pocos nicaragüenses que el Diccionario Biográfico Americano registra en sus páginas (París, 1876) como poeta, autor de cantos épicos, elegías y epitalamios, y reconocido como emotivo versificador sentimental.

Sus escritos están registrados en las siguientes publicaciones:
"A los Ejércitos Aliados de la América Central en Nicaragua", Boletín Oficial No.20 del 17 de Octubre de 1857; "Lira Nicaragüense", Chinandega, Imprenta Progreso, 1878; "Literatura Americana", Guatemala, Tipografía El Progreso, 1879; "Al arma granadinos", poemas publicados en Los viejos poetas nicaragüenses, 1948; "Contra los filibusteros" poema publicado en el libro de Luis Alberto Cabrales intitulado "Política de Estados Unidos y Poesía de Hispanoamerica", Managua, Talleres Nacionales, 1958; en el libro "Poesía y testamento de Juan Iribarren" por Jorge Eduardo Arellano, Managua, 1966.

Juan Iribarren fallece en la ciudad de Granada, Nicaragua, el 25 de Enero de 1864, a la temprana edad de 37 años. De él son las siguientes estrofas:

"En el seno de la Patria
a los fieros beduinos del Norte.
Habrá alguno tan vil que soporte
tanta mengua, tan negro baldón?
A la lid, compatriotas, volemos,
a buscar la victoria o la muerte:
que al vencido le espera la suerte
de vivir en eterna opresión."

Otro poema de Juan Iribarren es el siguiente: A la señorita Ana Toledo.

Ninfa divina del fugaz Mayale,
Fragante rosa que Juigalpa cría,
Hurí preciosa de los ojos negros,
Oye mi canto,
Prófugo, errante y con el alma triste
Pasé yo un día, y te miré un instante,
Más ¡ay! tu imágen, desde entonces sigue,
Sigue mis pasos.
Tu tersa frente de sin par albura,
Tus negros, dulces y brillantes ojos;
Tus labios tiernos que la rosa envidia
Doquier los miro.
Tu voz recuerdo que sonó en mi oído,
Cual son del arpa en solitaria noche,

Quisiera oírla, mi Toledo hermosa,
En este instante.
Quizá yo entonces te cantara trovas
Que tú, mi bella, con placer oyeras
El eco blando de tu voz divina
Sonar en ellas.
Pero la ausencia de mirar me priva
Tus bellas gracias, tu mirar de fuego,
Y solo y triste por el mundo vago,
En tí pensando.
Mas tú entre tanto, mi adorada, esquiva
Talvez no piensas en el pobre bardo
Que como el cisne sus amores canta,
Y luego muere.
(Granada, 1857)

Juan Iribarren Somoza (Foto tomada de la portada del Diccionario de Autores Nicaragüenses, de Jorge Eduardo Arellano.)

Gral. Carmen Díaz Reñazco (Foto tomada de la Revista Femenina Ilustrada, publicada por la Profesora Doña Josefa Toledo de Aguerri.)

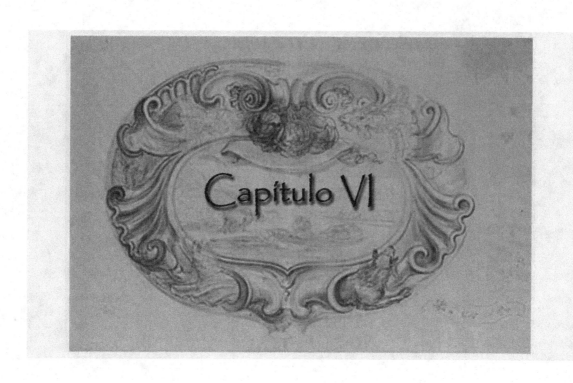

¿Martí vs. Darío?

Capítulo Sexto

¿Martí vs. Darío?

Es lícito que cada nación realce a los personajes que le dan brillo, gloria y dignidad, y consecuentemente, que se sienta orgullosa de esos valores intelectuales. Pero no es lícito que sea en detrimento de personajes de otra nacionalidad. No entiendo cuál es el objetivo del distinguido escritor cubano, don Luis Gómez y Amador, al comparar las cualidades y calidades literarias de dos grandes poetas: José Martí, hijo de españoles y nacido en la Capitanía General de Cuba, ("La perla de las antillas", último bastión de las Capitanías Generales del imperio español en América), mártir de la lucha fallida por la independencia de la posesión española, y el nicaragüense Rubén Darío, en su artículo publicado de manera reincidente y casi provocadora en *El Nuevo Herald* (lunes 23 de enero de 2001, p. 18 y el miércoles 24 de septiembre de 2003, p. 23-A), intitulado *La admiración y devoción de Darío por Martí*. Es necesario aclarar que todo poeta, especialmente de alta aristocracia intelectual, como Rubén Darío, es devoto de la poesía misma y de la amistad de quienes la producen, cuando aquella posee especiales calidades. Realmente Darío y Martí nunca intercambiaron cartas, ni una sola, como testimonio de esa amistad. Con otros poetas cubanos existe evidencia de correspondencia de amigos. Darío tuvo admiración por Martí, por sus ideas políticas, y admiración por toda la literatura que contenía un mensaje trascendente y expuesto con excelente calidad, la que encontró en muchas fuentes, no solamente en el mártir cubano.

Con el respeto que se merece don Luis Gómez y Amador, debo expresar que la calidad literaria de José Martí (1853-1895) no se la debe a Rubén Darío, y mucho menos por el simple hecho de que, cuando se encontraron ambos en Nueva York en 1893, el poeta nicaragüense, de 26 años de edad, lo llamara Maestro. Esta expresión de Darío es muestra de humildad, respeto y reconocimiento a la calidad y trascendencia de la obra de Martí, además de ser una manera cariñosa del nicaragüense dirigirse a una persona de mayor edad. Martí no necesitó de la admiración ni de la devoción de Darío, ni Darío de Martí. Debo mencionar que si hablamos de devoción se debió a que Darío reconocía la calidad literaria de Martí, especialmente en sus escritos políticos, tanto, que le reclamó simbólicamente cuando este cometió el error de inmolarse por una causa revolucionaria, acción que no debió realizar porque su aporte como intelectual hubiese sido mucho mayor que su propia muerte. El arma de Martí era la pluma; las balas, sus palabras y sus ideas; el fuego demoledor, su pensamiento. Y la prueba está a la vista si me remito a la realidad: las generaciones siguientes no pudieron construir y fortalecer a la República de Cuba como la nación libre y democrática con que soñó Martí, sueño que lo llevó a la muerte, porque Martí no era un militar como lo fue Simón Bolívar, que cruzó los Andes muchas veces y no murió en batalla sino en la cama.

Con respecto a ese encuentro histórico entre Martí y Darío, en el edificio de Harmand Hall, Arturo Capdevila en su libro *Rubén Darío. Un bardo rei*, Editorial Espasa-Calpe, 1969, página 52, asegura lo siguiente:

Acabada de conocer España y antes de visitado París, Rubén Darío, joven aún, muy joven aún, mas ya celebrado autor de *Azul....*, tiene en Nueva York un encuentro decisivo: el de Martí, a quien todos, y con razón, llaman el maestro. Y bien que lo es José Martí. **Maestro por su prosa estupenda, maestro por su verso nuevo, maestro por su actitud continental, maestro por su cotidiana enseñanza de nobleza y heroísmo.** Hallábase José Martí, a la sazón, en pleno ajetreo revolucionario, y por esas noches daría una conferencia en el edificio de Harmand Hall ante un público de cubanos. Sabiendo del arribo de Darío, quiso tenerle en esa oportunidad a su lado. Y Darío fue, reverente, a saludar a "aquel hombre pequeño de cuerpo, rostro de iluminado, voz dulce y dominadora al mismo tiempo, que le abrazó, diciéndole solamente: ¡Hijo! Esa noche se consumó el sortilegio. Sobre haberle denominado su hijo, Martí proclamó su fe en el destino del nicaragüense. Y éste, a la luz de las palabras del prócer, vio todo el sendero, y comprendió cuanto hace falta comprender, si una misión va en serio. Ser poeta consistía en algo más que en hacer versos. Consistía en darse poderosamente a la vida.

Referente a este encuentro, en el Harmond Hall, veamos lo que Rubén Darío expresa en su Autobiografía, en la versión moderna prologada por Enrique Anderson Imbert, en la página 92, Darío expresa textualmente lo siguiente:

"Yo admiraba altamente el vigor general de aquel escritor único, a quien había conocido por aquellas formidables y líricas correspondencias que enviaba a diarios hispanoamericanos, como "La Opinión Nacional", de Caracas; "El Partido Liberal", de México; y, sobre todo, "La Nación", de Buenos Aires. Escribía una prosa profusa, llena de vitalidad y de color, de plasticidad y de música. Se transparentaba el cultivo de los clásicos españoles y el conocimiento de todas las literaturas antiguas y modernas; y, sobre todo, el espíritu de un alto y maravilloso poeta. Fui puntual a la cita, y en los comienzos de la noche entraba en compañía de Gonzalo de Quesada por una de las puertas laterales del edificio en donde debía hablar el gran combatiente.

Y en sus artículos titulados "Historia de mis libros", hablando de "*Azul...*", Rubén Darío expresa sus intimidades y deja saber claramente quiénes fueron su inspiración y los que verdaderamente influyeron en su obra poética:

"Esta mañana de Primavera me he puesto a hojear mi amado viejo libro, un libro primigenio, el que iniciara un movimiento mental que había de tener después tantas triunfantes consecuencias; y lo hojeo como quien relee antiguas cartas de amor, con un cariño melancólico, con una "saudade" conmovida en el recuerdo de mi lejana juventud.

Era en Santiago de Chile, adonde yo había llegado, desde la remota Nicaragua, en busca de un ambiente propicio a los estudios y disciplinas intelectuales. A pesar de no haber producido hasta entonces Chile principalmente sino hombres de Estado y de jurisprudencia, gramáticos, historiadores, periodistas y, cuando más, rimadores, tradicionales y académicos de directa descendencia peninsular, yo encontré nuevo aire para mis ansiosos vuelos y una juventud llena de deseos de belleza y de nobles entusiasmos.

Cuando publiqué los primeros cuentos y poesías que salían de los cánones usuales, si obtuve el asombro y la censura de los profesores, logré, en cambio, el cordial aplauso de mis compañeros. ¿Cuál fue el origen de la novedad? El origen de la novedad fue mi reciente conocimiento de autores franceses del Parnaso, pues a la sazón la lucha simbolista apenas comenzaba en Francia y no era conocida en el extranjero, y menos en nuestra América. Fue Catulle Mendès mi verdadero iniciador, un Mendès traducido, pues mi francés todavía era precario. Algunos de sus cuentos lírico-eróticos, una que otra poesía de las comprendidas en el Parnasse contemporaine, fueron para mí una revelación. Luego vendrían otros anteriores y mayores: Gautier, el Flaubert de *La tentation de St. Antoine*, Paul de Saint-Víctor, que me aportarían una inédita y deslumbrante concepción del estilo. Acostumbrado al eterno clisé español del Siglo de Oro y a su indecisa poesía moderna, encontré en los franceses que he citado una mina literaria por explotar: la aplicación de su manera de adjetivar, ciertos modos sintácticos, de su aristocracia verbal, al castellano. Lo demás lo daría el carácter de nuestro idioma y la capacidad individual. Y yo, que me sabía de memoria el "Diccionario de galicismos", 1855, de Rafael María Baralt (Venezuela; n.1819-m. Madrid, 1860, poeta e historiador); comprendí que no sólo el galicismo oportuno sino ciertas particularidades de otros idiomas, son utilísimos y de una incomparable eficacia en un apropiado trasplante."

Y cuando Osvaldo Bazil, dominicano y amigo de Darío, dijo que "no habría existido el uno sin el otro" hizo una aseveración totalmente falsa e ilusoria, aunque quizá lo dijo como una manera de hacer notar el valioso aporte de ambos a la literatura hispanoamericana. Y cuando don Luis Gómez y Amador hace referencia a don Federico de Onís y Sánchez (n. Salamanca, Diciembre 20, 1885- m. Puerto Rico, 1966), olvida que don Federico de Onís se había expresado de una forma negativa acerca de las obras de Darío en 1939, pero, posteriormente rectificó y simplemente reconoció en Darío la figura que mejor representa el movimiento modernista nacido en América, que influyó en España a la Generación del 98, y cuya influencia se deja sentir a la fecha, como muy bien lo reconocieron, junto con don Federico de Onís (español, nació en Salamanca en 1885 y muere en Puerto Rico en 1966), don Arturo Uslar Pietri (venezolano), don Alfonso Reyes (mexicano), don Guillermo de Torre (español) y don Agustín Yáñez (mexicano). Dicho de otra manera, José Martí no transformó de manera original el uso de la riqueza del castellano en la poesía como para que se lo considere el Padre del Modernismo de la legua española, puesto que escribió de la misma manera y con el mismo vocabulario que los mismos españoles deseaban cambiar o evolucionar, o, simplemente transformar; objetivo que Rubén Darío realizó y que los intelectuales españoles reconocieron en el poeta nicaragüense ese aporte a la literatura española. Negar esta realidad deja mal parada a la persona que lo piense o lo haga público.

Don Guillermo de Torre (1900-1971) en su libro *Vigencia de Rubén Darío y otras páginas*[1], expresa refiriéndose a Rubén Darío:

> El primer poeta de nuestra lengua que, en los verdes años de la adolescencia, cuando se posee intacta la sensibilidad para la lírica, yo leí y admiré con entusiasmo fue Rubén Darío. Mucha agua, oleadas desbordantes de lecturas heterogéneas, han pasado bajo el puente de los años en la vida de un escritor, y Rubén Darío sigue siendo uno de los contados poetas al que vuelvo sin desencanto ni fatiga. Desde los cincuenta años (1916), transcurridos tras su muerte, hasta 1967, en que se cumple un siglo de su nacimiento, el rostro de la poesía ha mudado de piel numerosas veces. Pero hay algo, un pigmento peculiarísimo, alguna célula inmutable en el rostro del "indio divino" (Ortega dixit) que soporta impávidamente saltos del gusto y metamorfosis estéticas.

Darío, antes del encuentro histórico con José Martí en 1893, ya había publicado *Azul* en julio 30 de 1888. Incluso existía ya una segunda edición de la misma obra realizada en Guatemala en 1890. De igual modo, Darío ya había publicado su *Oda al Libertador Bolívar*, en cincuenta y una estrofas horacianas el 23 de julio de 1883. El 16 de marzo de 1887 salió a la venta su libro *Abrojos*, editado por la Imprenta Cervantes en Santiago de Chile. En junio de 1885 Darío escribió *Víctor Hugo y la tumba*, poema en versos alejandrinos, con motivo de la muerte del gran poeta francés, cuya obra Rubén admirara tanto. El 26 de agosto de 1884 el diario *El Ferrocarril*, de Managua, publicó el poema *Epístola a Juan Montalvo*, quien influenció grandemente a Darío con sus ideas políticas sobre el liberalismo, que en esos tiempos era revolucionario. A los diez años de edad ya había escrito su poema *La fe*, a los trece, en mayo 18 de 1880, publicó la oda *A Víctor Hugo*. Para entonces todavía no conocía a Martí, de quien tuvo noticias solo hasta que vivió en Valparaíso y Buenos Aires. Claro está, no sobra decirlo, que Darío sabía distinguir la excelencia literaria. A la edad de catorce años, exactamente el 10 de julio de 1881, el joven poeta conforma su primera obra inédita, un manuscrito conformado por dos tomos. El primero fue publicado de manera facsimilar por la Universidad Nacional Autónoma de Nicaragua, bajo el título de *Poesías y artículos en prosa*. El segundo se supone eran los artículos en prosa que el joven poeta comenzó a publicar en el periódico político *La verdad*, a la manera de Juan Montalvo (1832-1889), contra el gobierno de turno, tomo hasta la fecha perdido. En el mes de diciembre su fama hace que ciertos personajes liberales de la ciudad de León lo lleven a

Managua, para presentarlo y gestionar una beca de estudio. Esta beca le es negada por los conservadores y Darío se quedó sin estudiar debido a sus ideas políticas. Esto, dicho sea de paso, no ha cambiado mucho hasta el momento en el panorama de nuestra empobrecida nación. En ese primer manuscrito, Darío publicó el más bello soneto que hasta la fecha había escrito: *En la última página de El Romancero de El Cid*, fechado el 15 de Octubre de 1881. Se caracteriza este soneto por su lenguaje arcaizante que imita el habla de los poetas del mester de juglaría. Salta a la vista inmediatamente el anacronismo que supone verter en soneto, el castellano del siglo XII o de principios del XIII, tiempo en el que ni siquiera en Sicilia había surgido el soneto como composición poética. El soneto dice así:

> Mi non polida pénnola desdora
> aqueste libro con poner un canto
> en las sus fojas, que me inspiran tanto
> que facen agitar mi pletro agora.
>
> Nin la fermosa cara de la aurora,
> nin de la noche el estrellado manto,
> nin el milagro de cualquiera santo,
> belleza como él non atesora.
>
> Ca maguer es verdat que es non polida
> la mi pénnola ruda et homildosa,
> yo tengo entro el pecho, aquí escondida
>
> la foguera del bardo tan fermosa.
> Por ende pongo aquí, maguer mal fecho,
> aquesta trova, rosa de mi pecho.

El doctor Alfonso Argüello Argüello (1934-2005) en su ensayo *Encuentro de William Shakespeare en Rubén Darío*[2] expresa en la página 67:

No hay labor cultural aislada ni desunida, por el contrario, lógica sucesión de antecedentes debe precederla en forma ininterrumpida hasta el recóndito y apacible tabernáculo de su origen.

Y continúa diciendo:

Nuestro Rubén en su vasta universalidad tomó de muchas y muy variadas fuentes inmediatas. Él mismo nos lo señala así en *Historia de mis libros*. Desde sus primeros cuentos y poesías reconoce la influencia de los autores del Parnaso francés (página 68).

Y a propósito de las lecturas y las influencias de ellas en Darío dice en la página 72:

> Y no se podía menos, pues el Poeta leía y estudiaba continuamente a Shakespeare; lo tenía siempre como uno de sus grandes maestros a la par de Hugo y Cervantes, e incluso aprendió el inglés lo mejor que pudo y se atrevió a traducir entre otras cosas el poema del gran dramaturgo titulado *Venus y Adonis*.

Don Ermilio Abreu Gómez (México; 1894-1971), expresa en el prólogo de su libro *Rubén Darío crítico literario*[3], páginas 13,14 y 15:

> Por fortuna, Darío no fue un profesional de la crítica y así no se vinculó a grupos de ningún género. No frecuentó capillas. Darío fue objetivo y justo. Tuvo bastante intuición para descubrir lo mejor y para enaltecerlo, sin compromisos ni cobardías. Bien sabía que "no hay escuelas, sino poetas". Nadie podrá decir que mintió jamás. No se le puede echar en cara ninguna malversación de criterio. Si pecó alguna vez, pecó por bondadoso; no por maldad y menos por incompetencia. Su crítica la aplicó a innumerables temas. Con ella unas veces penetró en la literatura europea, tan necesaria para renovar la vida de su escuela, otras en la americana, tan necesitada de estímulo y de explicación. Aquí encontró ancho espacio para realizar sagaces incursiones. Desde el primer momento se interesó por sus valores y los vio sin prejuicios y con claridad. Cuando se refiere a los escritores de los países hispanoamericanos, su actividad es de vigilancia y de comprensión, no de curiosidad. Estudió las figuras y las corrientes, definiendo capacidades y fijando propósitos. En Rubén Darío no se advierte ningún afán retórico. Por su llaneza se aproxima al canon del hablar español y por su carácter íntimo al espíritu de sus cartas. Buena prueba de que salía de sus entrañas. Dos autores de su época, Martí y Gómez Carrillo y no pocos clásicos castellanos, influyen en la elaboración de esta última de sus modalidades. Yo diría que de Martí tomó el ímpetu, de Gómez Carrillo cierta

cadencia y de los clásicos, a quienes frecuentó desde niño, el regusto por una llaneza clara y honda.

Pero veamos lo que dice Don Antonio Oliver Belmás (1903-1968) en su libro *Este otro Rubén Darío*[4], en la página 407:

Darío, con sus obras *Abrojos* y *Azul* supera y mejora todo lo que en materia de romanticismo y simbolismo se había escrito en el mundo hispanoparlante: El realismo, matizado de fantasía; el naturalismo, limpio de crudeza y obscenidad; el romanticismo, aliviado de llanto y de pesimismo; destruido el párrafo hinchado y hueco del período literario inmediatamente anterior. Y esto ocurre en la prosa toda de Darío, no obstante ser nacida tantas veces del remar forzado en las galeras de la colaboración periodística. Es más, en la prosa general del nicaragüense hay las mismas características que en su verso: estoicismo, cosmopolitismo, mitología exhumada, cristianismo palpitante, galicismo, hispanidad... y todo rindiendo tributo excelso al esteticismo. Los antecedentes de la prosa de Darío, las verdaderas fuentes estéticas del prosista de Metapa, radican de modo remoto en los clásicos castellanos y de manera inmediata en Gustavo Adolfo Bécquer (1836-1870), en Juan Montalvo (1832-1889) y, singularmente, en José Martí. Pero, de manera indudable y a partir de su amistad con Francisco Gavidia (salvadoreño autor de una obra extensa y de gran calidad) en 1882, hay hontanares o manantiales estilísticos de Darío que brotan no en la vertiente castellana, sino en la francesa, y derivan de Teófilo Gautier (1811-1872), Gustav Flaubert (1821-1880, hijo de una generación cansada), Catulle Mendès, François Coppèe (1842-1908), Charles Baudelaire (1821-1867), Joseph Ernest Renan (1823-1892), los hermanos Edmont (1822-1896) y Jules (1830-1870) Goncourt, Alfonso Daudet (1840-1897), etc. Según el profesor de Los Ángeles, California, Don Manuel Pedro González (Facultad de Filosofia y Letras de la UNAM), beben con Darío simultáneamente en el hontanar francés Manuel Gutiérrez Nájera en México y Miguel Cané Casares (1851-1905) en la Argentina. Pero, por ser más poeta, Nájera alcanza en su estilo un diapasón lírico y una riqueza metafórica superiores a los de Cané. Sólo Darío, que le debe mucho más a Nájera de lo que nunca confesó, llegó a superar el arte de la prosa refinada, colorida y melódica, nutridas en las ubres gálicas que Nájera cultivó durante la década del ochenta.

En otro pequeño pero importantísimo libro de Don Antonio Oliver Belmás, titulado *RubénDarío. Cantos de Vida y Esperanza*, (2da. edición, 1965), Editorial Anaya; en la página ocho, analizando el contenido del libro dariano, expresa claramente conceptos muy importantes para valorizar y apreciar la calidad de la obra poética de Rubén Darío, cuando dice que:

"Cantos de Vida y Esperanza" constituye el tercer libro modernista, en la poesía de Rubén. Los anteriores son *Azul...*(1888) y *Prosas Profanas* (1896). Cuando aparece Cantos de Vida y Esperanza, el Modernismo es ya vencedor, pese a todas las oposiciones y dificultades que surgieron en el camino de dicha innovación. *Cantos de Vida y Esperanza* tienen, en su propio título, una importante significación que se opone al Romanticismo, inspirado con frecuencia en la Muerte y en la Tristeza pesimista. Por eso, el Modernismo, no obstante las infiltraciones de melancolía que a veces soporta, es un movimiento que se relaciona con el Neoclasicismo, el Renacimiento y el Clasicismo grecolatino. Cantos de la Vida y de la Esperanza de España y América son los de Rubén, preocupado hondamente por el destino de nuestra comunidad. Tal vez la característica esencial de este libro reside en sus valores hispánicos vivos, puestos al día y proyectados hacia el porvenir. Antes que Monseñor Guillermo Vizcarra Fabre, boliviano, antes que Ramiro de Maeztu (España; 1882-1936); que Miguel de Unamuno o Manuel García Morente (España; 1886-1942), quien ha hecho posible la hispanidad, o sea, la unión de unos pueblos que hablan la mísma lengua y que tienen la mísma herencia histórica, ha sido Rubén Darío como autor de *Cantos de Vida y Esperanza*. Por ello, este libro debe suponer para nosotros como la Biblia de nuestra patria, la Biblia de cada hombre español de aquende o de allende; y españoles llamamos a todos los habitantes de la península, junto con los chilenos, los argentinos, los peruanos, los uruguayos, los paraguayos, los bolivianos, los ecuatorianos, los venezolanos, los panameños, los colombianos, los mexicanos, los centroamericanos, los cubanos, los dominicanos, los puertorriqueños, los filipinos e incluso brasileños, como ya los consideraba Luis Vaz de Camoens (Portugal, 1524-1580). Y al decir "nuestra Biblia", queremos expresar, con metáfora o símil, que *Cantos de Vida y Esperanza*, más que un Antiguo Testamento, son el Nuevo Testamento de la Hispanidad. Porque el Antiguo Testamento está, por supuesto, en los libros de nuestros descubridores e historiadores de Indias o en los hechos de nuestros auténticos misioneros. Todo hombre hispano sentirá al leerlos el alto destino de su sangre y de su verbo. Se sentirá a un tiempo leve rama, honda raíz y tronco corpulento del mismo árbol generoso.

Don Guillermo Díaz Plaja en su libro *La Literatura Universal*[5], expresa en la página 482:

El modernismo es un fenómeno literario de carácter hispanoamericano. Es, precisamente, un poeta de América, Rubén Darío, quien lo introduce en nuestra literatura... lleva a cabo una formidable revolución métrica, basada en la musicalidad.

Don Enrique Anderson Imbert (Argentina; 1910-2000) en su *Historia de la Literatura Hispanoamericana*[6], página 325, dice de José Martí:

Es la presencia más gigantesca en todo este período. Hacen bien los cubanos en reverenciar su memoria: vivió y murió heroicamente al servicio de la libertad de Cuba. Pero Martí nos pertenece aun a quienes no somos cubanos. Se sale de Cuba, se sale de América: es uno de los lujos que la lengua española puede ofrecer a un público universal. Apenas tuvo tiempo, sin embargo, para consagrarse a las letras. Dejó pocas obras orgánicas, que tampoco son lo mejor que escribió. Era un ensayista, un cronista, un orador; es decir, un fragmentario, y sus fragmentos alcanzan con frecuencia altura poética. Con él culmina el esfuerzo romántico hacia una prosa estéticamente elaborada. En la historia de la prosa, Martí se sitúa entre otros dos gigantes: Juan Montalvo (1832-1889, ecuatoriano) y Rubén Darío, el nicaragüense ciudadano del mundo, universal.

Cada uno fue lo propio en el ámbito en el que desarrollaron su intelecto e influenciaron en su enriquecimiento: la prosa y la poesía. No hay cabida a las comparaciones. Martí es representante del premodernismo y Darío es modernista. Son dos conceptos diferentes: el primero no alcanza a lograr lo que al castellano le hacía falta; el segundo, Darío, en cambio logra brindarle al castellano lo que le estaba haciendo falta: una renovación y un cambio total, distinto a lo ya existente. En lo político, Martí luchaba por la independencia de Cuba contra España, sin alcanzarla, porque no fue un soldado ni mucho menos un genio militar como lo fuera Simón Bolívar (1783-1830), quien logra la independencia de cinco pueblos, creando igual número de naciones. Cuba recibe su independencia de manos de los Estados Unidos de América, como consecuencia de la guerra entre Estados Unidos y España. Darío nació cuando la independencia era un hecho consumado, y Darío en su obra es un revolucionario, crítico de los tiranos, dictadores y autócratas criollos. No hay peor cuña que la del mismo árbol, reza el adagio judío. En cambio, Darío reconocía de España lo más valioso de lo que debíamos sacar provecho: la cultura. Y de esto habló Ramiro de Maeztu Whitney (1874-1936), cuando a propósito de Darío, dijo lo siguiente: "¿Por qué no logró infundir Rubén su patriotismo hispánico a los poetas españoles? La obra de Rubén nos enseña que España es el ideal universal que el mundo necesita para salir de sus egoísmos de nación, de raza y de clase. El día en que esto se descubra, habrán hallado nuestros pueblos el espíritu superior que es menester para ennoblecer sus inspiraciones.

Don Julián del Casal (1863-1893, cubano), Salvador Díaz Mirón (1853-1928, mexicano), Manuel José Othón (1858-1906, mexicano), José Asunción Silva (1865-1896, colombiano), Manuel Gutiérrez Nájera (1859-1895, mexicano), Luis G. Urbina (1864-1934, mexicano), Amado Nervo (1870-1919, mexicano), José Santos Chocano (1875-1934, peruano), Leopoldo Lugones (1874-1938, argentino), Ricardo Jaimes Freyre (1868-1933, boliviano), Medardo Ángel Silva (Ecuador, 1899-1919), son quienes se mencionan y sobresalen alrededor del modernismo americano. Todos excelentes poetas, que dan prestigio a sus respectivos terruños, y en su totalidad, a la América Latina.

Don Antonio Machado, según nos han dicho algunos críticos, al hablar de la "actual cosmética", se apartaba de Rubén Darío, ¿rompía con Rubén?. La devoción por el gran poeta nicaragüense es clara, y también la huella. ¿No sería mejor concretar de los seguidores sin talento? Su admiración por otros modernistas muy inferiores a Rubén Darío es manifiesta. Dice, por ejemplo, que Francisco Villaespesa era "un verdadero poeta. De su obra hablaremos más largamente: de sus poemas y de sus poetas". ¿Qué poetas eran éstos? Seguramente los mismos que nutrieron su poesía hasta que se independizó, hasta que se convirtió en figura cimera de la lírica española. Ramiro de Maeztu también hizo versos modernistas, como "*A una venus gigantesca*", publicados en la revista "Germinal", 1897. De todos los escritores considerados del 98, el único que discrepa en esta admiración a Rubén Darío es don Pío Baroja. Quién lea en *Intermedios* (1913) la opinión que tenía de Rubén Darío, se percatará de ello. Pero Rubén Darío, ya lo sabemos, llevó a España la poesía francesa: lo externo se lo debía a **Leconte de Lisle** y a otros parnasianos y, en ocasiones, al mismo **Paul Verlaine**, pero de éste trae también una intimidad psicológica desconocida antes y, con ella, una auténtica sinceridad. Y ya sea por Paul Verlaine, ya por su intermediario, Rubén Darío, todos se sintieron influídos de esta nueva manera de sentir y de manifestar los sentimientos. Don Pío Baroja ha declarado que para él Paul Verlaine es el más grande poeta que ha existido. Y cuando le precisa escribir un volumen de versos, ya en edad muy avanzada, y ya tan lejos de la boga modernista, y aun a pesar de haberse manifestado, en alguna ocasión, contra Paul Verlaine, es a este poeta al que toma por modelo en sus *Canciones del suburbio* (1944), poemas de Pío Baroja, como define acertadamente Azorín en el prólogo de este libro, ve a Paul Verlaine como guía de Baroja, a Verlaine, que, con sus palabras, ha sido el más grande poeta francés después de Víctor Hugo, siendo todos ellos los que influenciaron, como poetas franceses, en la obra de Rubén Darío.

Citamos de nuevo a Don Enrique Anderson Imbert, quien en *Historia de la literatura hispanoamericana* dice:

> Difícil de situar en esta zigzagueante marcha de poetas resulta Salvador Díaz Mirón. Está entre Justo Sierra (1848-1912), mexicano que anunció al "modernismo", y Manuel Gutiérrez Nájera que le abre la puerta. O, mejor, Díaz Mirón entra por la ventana... No es tan fácil delimitar a ese primer modernismo.

El mismo Anderson Imbert (narrador y crítico argentino), en su libro *Rubén Darío, poeta*[7], se expresa del nicaragüense universal de la siguiente manera:

> Rubén Darío dejó la poesía diferente de como la encontró, igual que Garcilaso, Fray Luis de León, San Juan de la Cruz, Lope, Góngora y Bécquer. Sus cambios formales fueron inmediatamente apreciados. La versificación española se había reducido, durante siglos, a unos pocos tipos. De pronto, con Rubén Darío se convirtió en orquesta sinfónica. Dio vida a todos los metros y estrofas del pasado, aun a los que sólo ocasionalmente se habían cultivado, haciéndolos sonar a veces con imprevistos cambios de

acento, y además inventó un lenguaje rítmico de infinitas sorpresas, sin salir de la versificación regular. No sólo desarrolló todas las posibilidades musicales de la palabra, sino que para cada estado de ánimo usó el instrumento adecuado. Leyéndolo uno educa el oído; al educarlo, más planos sonoros aparecen en el recitado. Por su técnica verbal Darío es uno de los más grandes poetas de todos los tiempos y, en español, su nombre divide la historia literaria en un "antes" y un "después". Pero no sólo fue un maestro del ritmo. Con incomparable elegancia poetizó el gozo de vivir y el terror de la muerte.

El caso es simple: Rubén Darío puso de pie la poesía castellana. Fue un innovador magistral. Ha habido innovadores, pero ninguno tuvo la misma influencia, la misma fuerza y originalidad de Darío. Todos son grandes pero Darío sobresale entre los de su época porque en todos ellos puede reconocerse la huella de quienes influenciaron sus obras, en tanto que en Rubén Darío esa huella se pierde. Por ello, los españoles, reconocen en Rubén Darío al Padre del Modernismo y lo llaman el *Príncipe de las Letras Castellanas*. Es indiscutible que en Chile y Argentina leyó lo escrito por José Martí y reconoció su calidad, pero, como autodidacta, desde su temprana juventud, Darío leyó a los clásicos griegos, a Víctor Hugo, Paul Verlaine (1844-1896), Juan Montalvo, Alphonse de Lamartine (1790-1869), Stéphane Mallarmé (1842-1898), Jules Michelet (1798-1874), Cervantes, Góngora, Lope de Vega, Bécquer, Catulle Mendés[8], Renè Mazeroy (pseudónimo de René-Jules-Jean varón Toussaint, 1856-1918), Armand Silvestre (1837-1901), Louis Bouilhet (1821-1869), Gabriel D'Annunzio (su verdadero nombre era Gaetano Rapagnetta), en fin, a muchos. Pero en opinión de A. Padilla Bolívar en su libro *Atlas de literatura universal*, "los simbolistas influyeron decisivamente en la aparición del modernismo, iniciado por Rubén Darío". Darío bebió el dulce néctar de lo más selecto de la literatura clásica, luego, con su pluma, tal como si todas esas lecturas fueran líquido, vertió sus ideas creativas en un molde indo-americano-español, revolucionando el castellano. Escribió como él mismo, como Rubén Darío, no como todos ellos, muy a pesar de haber sido influenciado por todos los poetas clásicos, simbolistas, parnasianos y románticos, de todas las

Nota 8.- Nació en Burdeos, Francia, el 22 de Mayo de 1841. En 1860 fundó la "Revue Fantaisiste", en donde colaboraba especialmente Villiers de L'Isle-Adam. En 1863 publicó su primer antología de poemas: "Philoméla". Fue el historiador de El Parnaso. Murió accidentalmente bajo las ruedas del tren, su cadaver fue encontrado el 7 de Febrero de 1909, cerca de la estación de Saint Germain.

épocas y de muchas naciones. Es por eso que Paul Groussac dice que *la huella se perdió*. En cambio, en la obra poética de José Martí se nota la influencia de sus antecesores españoles, porque prácticamente los imitaba y lo hizo muy bien. En Darío no se encuentra esa imitación, se sabe que existe fuerte influencia, pero en sus poemas se distingue y se identifica inmediatamente la originalidad del poeta nicaragüense. Es inconfundible.

Por lo anterior, don Juan Valera (1824-1905), notable e ilustrado crítico español, escribió en su prólogo de *Azul* lo siguiente:

> Si el libro, impreso en Valparaíso este año de 1888, no estuviese en muy buen castellano, lo mismo podría ser de un autor francés, que de un italiano, que de un turco, que de un griego. El libro está impregnado de espíritu cosmopolita. Hasta el nombre y apellido del autor, verdaderos o fingidos, hacen que el cosmopolitismo resalte más.

Si Darío tuvo algún maestro, fue su maestra primera, Doña Jacoba Tellería, en los inicios de la escuela primaria; luego don Felipe Ibarra Alvarenga; después el doctor José Leonard Bertholet (masón, judío polaco, fallecido en noviembre de 1907). Ya jovencito, Rubén viaja a Managua, en donde era Director de la Biblioteca Nacional don Antonino Aragón, un precursor del modernismo en Nicaragua, junto con el poeta y general don Carmen Díaz y Reñazco y Juan Iribarren Somoza, quien al igual que Don Modesto Barrios, le brinda al joven poeta su mano amiga. Don Antonino es quien introduce a Darío en sus lecturas selectas y le enseña el latín, el francés y el inglés. También el presbítero José Valenzuela, célebre orador sagrado, le enseñó el griego y el latín. El joven poeta devoró todos los autores ya mencionados, y muchos otros, en las mesas de la Biblioteca Nacional de Nicaragua, que hoy lleva su nombre.

Cuando se habla de premodernistas y modernistas propiamente dichos, se establecen diferencias muy grandes, pues los premodernistas no lograron renovar la literatura castellana como Rubén Darío lo hizo, y en lo que, precisamente, radica su valor. En cuanto a la grandeza del aporte de Martí y de Darío, también hay diferencias. Miguel de Cervantes no necesitó de nada más que de sus obras para ser quien es, muy a pesar de que fue influenciado por todo el acerbo cultural anterior a su nacimiento. En cuanto a José Martí, gracias a su prosa ocupa un lugar en la literatura latinoamericana, o si se quiere, hispanoamericana. En cambio Darío, gracias a su poesía, ocupa un lugar preponderante en la historia de la literatura. Aporta algo que no hicieron los precursores del modernismo: además de poner de pie al castellano, revolucionó brillante, creativa y elegantemente la lengua de Cervantes. La literatura española se encontraba estancada y postrada, y fue Rubén Darío quien la sacó del atolladero. Nadie más. "Un poeta nace, un prosista se hace", solía decir Rubén, tomando la frase famosa del latín, que dice: *Nascuntur poetae, fiunt oratores*: Se nace poeta, se hace orador. En el poeta hay genio, en el orador oficio.

Aunque Don Miguel de Unamuno y Jugo no lo hubiera reconocido, la revolución literaria ya estaba en marcha. La influencia de la obra y el estilo original de Darío ya habían penetrado y revolucionado el medio ambiente literario del mundo hispanoparlante. Esto era inevitable, con o sin Unamuno, flamante rector de la Universidad de Salamanca. Darío no era poseedor de semejante currículum. Era apenas un genio, virtud recibida de Dios. Darío nació poeta. Y lo interesante de esto lo expresa don Carlos Lozano en su libro *La influencia de Rubén Darío en España*[9], publicado por la Editorial Universitaria de la Universidad Nacional Autónoma de Nicaragua (UNAN) en 1978, en cuya página 30 expresa:

> Como ha observado Arturo Torres-Rioseco, este acontecimiento señala la entrada inequívoca del Modernismo en España. Con el *Pórtico*, (prólogo escrito por Rubén Darío al libro del poeta español Salvador Rueda), Darío introduce de hecho en España el modernismo.

Resulta pues, que en 1893, se publicó la segunda edición de *En tropel* con el *Pórtico* de Darío como prólogo del libro del poeta español Salvador Rueda (1857-1933).

Lo interesante y el gran mérito de Rubén Darío es ser cien por ciento autodidacta. Si acaso, aprobó la primaria. El resto, es obra divina. Dios puso en su cerebro algo especial, tan especial, que a la fecha no ha nacido o no ha habido en el mundo de la lengua castellana un poeta que le dé un giro poético hacia otro estilo, y que provoque lo que Darío con *Azul*, *Abrojos* y *Prosas Profanas*. Suecia le queda debiendo un Nobel de Literatura. O, al contrario, Nicaragua le dio un Darío al Nobel, para muestra de lo que es superior y excelente, de tal manera que amerite otorgar a una persona tal presea. Aunque esto parezca petulancia, es la verdad. "Prefiero molestar con la verdad, que complacer con adulaciones" dijo en su momento Séneca.

Gerardo Diego (1896-1987, español del movimiento creacionista), en su escrito *Ritmo y espíritu en Rubén Darío*, publicado en la Revista *Cuadernos Hispanoamericanos*, No. 212-213, Agosto-Septiembre de 1967, Madrid, p. 247) expresa lo siguiente:

> Otro poeta, que sería uno de los precursores del nicaragüense -si los verdaderos poetas fuesen precursores y no ellos mismos precursores, realizadores y sucesores de sí mismos- Gustavo Adolfo Bécquer, dicen que usó la palabra "materia" uniéndola una vez más con su inseparable -en mala retórica- epíteto "vil"...", haciendo una comparación en el uso de ciertos términos del lenguaje al que posteriormente recurría Darío. Y sigue diciendo: "El verso de Darío tiene sobre todas sus excelencias esa que ningún otro posee en el mismo grado: la virtud de la elasticidad. Lo recitamos y está vibrando, dilatándose sílaba tras sílaba, respirando hondamente, siempre sonoro y fresco y delicioso, de timbre nuevo y vario, siempre empujando desde sus núcleos en todos los sentidos, hacia delante y hacia atrás también, hacia lo hondo y hacia lo alto, siempre acariciándonos y halagándonos la sensualidad rítmica, la sensibilidad espiritual, sin dejar un instante de refrescarnos en su magia orquestal, instrumental.

Ricardo Gullón en su escrito *Esteticismo y Modernismo,* publicado en la Revista *Cuadernos Hispanoamericanos*, No. 212-213, Agosto-Septiembre de 1967, Madrid, p. 373) expresa lo siguiente:

> En Rubén Darío, a quien podemos tomar como arquetipo de las actitudes modernistas en este punto, es fácil advertir dos actitudes diferentes, aunque las determine o produzca una misma conciencia de misión. En la primera se afirma como delegado de la providencia para mantener en la tierra la hermosura de la verdad y la pureza del ideal; en la segunda aparece como representante de una aristocracia intelectual, integrada por cuantos disienten de la vulgaridad y la chabacanería profesadas por los detentadores del poder. Aunque más de una vez cediera al halago o al salario de los poderosos, a quienes despreciaba, sus humanas debilidades no

empañaron la continuidad de esas otras actitudes que en verdad le constituyeron.

De mucha importancia es lo que señala Donald F. Fogelquist, catedrático de la Universidad de Miami, en su escrito intitulado *Dualidad Modernista: hispanismo y americanismo,* publicado en la Revista *Cuadernos Hispanoamericanos*, No. 212-213, Agosto-Septiembre de 1967, Madrid, p. 410), cuando dice que:

> Afrancesamiento, extranjerismo, exotismo eran palabras que figuraban mucho en el vocabulario de los críticos de los poetas modernistas de América, y no carecían de cierta justificación los que las empleaban. Pero erraban cuando insistían en que la literatura americana era sencillamente parte de la literatura española (puede citarse una carta de Don Juan Valera al colombiano Evaristo Rivas Groot, 1864-1923) y no debía aspirar a ser otra cosa; cuando increpaban a los americanos por no sentir hondamente como ellos el apego a la tradición española y cuando les negaban el derecho de buscar su propio camino en la literatura. Hasta entonces, América había creado poco que pudiera llamarse americano. Con raras excepciones, como el *Martín Fierro* del argentino José Hernández, o las *Tradiciones peruanas* de Ricardo Palma, sus obras literarias reflejaban, en su forma y expresión, los modelos europeos que las inspiraban.

La opinión de Don Baltasar Isaza Calderón, panameño, Director de la Academia Panameña de la Lengua, respecto a Rubén Darío, es la siguiente:

> No habría sido el extraordinario poeta que fue, elevándose a gran altura sobre sus contemporáneos, y con tan soberano dominio de su lengua, sin estar enraizado hondamente en la sustancia espiritual de la cual se nutren quienes levantan el vuelo para convertirse en portaestandartes sin par de una literatura. (Tomado de la separata del Boletín de la Academia Panameña de la Lengua, marzo de 1968, *Integración de lo hispánico y lo autóctono en la poesía de Rubén Darío*, Impresora Panamá, 1968, p.18).

Juan C. Zorrilla de San Martín, S. J., en su libro *Compendio de Historia de la Literatura*[10], expresa de Rubén Darío: "Nicaragüense, de quien se hablará

en la literatura hispanoamericana, es el maestro indiscutible de esta escuela."
En la sección dedicada a Cuba, dice:

> Oradores de extraordinaria elocuencia y ascendiente sobre las multitudes fueron los dos grandes revolucionarios Carlos Manuel de Céspedes (1819-1869), primer presidente federal de Cuba, y José Martí (1853-1895) que fue además un inspirado poeta y escritor erudito. (Página 287).

Don Emilio Rodríguez Demorizi, (1904-1986, dominicano), padre de la historia moderna de su nación, en su libro *Papeles de Rubén Darío*[11], en la página 238, nos dice que:

> Los genios nacionales habían envejecido. Algo crítico se advertía en el ambiente. La transición tenía que llegar. Los jóvenes querían algo diferente de lo que miraban en torno. Buscáronse las admiraciones lejos en el tiempo. Se hicieron resurgir olvidadas figuras del pasado, como base para las nuevas orientaciones hacia lo porvenir. Iba a comenzar el período de la arbitrariedad, de la paradoja y especialmente del estudio, período de noble y admirable pedantería intelectual, de exhibicionismo, de anhelo de pasmar al transeúnte con la gallardía de un sombrero de alas desmedidas o la superfluidad impertinente de un monóculo. Valle Inclán, Azorín, Pío Baroja, las primeras obras desconcertantes de Jacinto Benavente, Maeztu, lo nieztcheano...Y por encima de todo, Rubén Darío. Es decir, la absoluta modernidad. Modernidad, acogida, hospitalaria para el espíritu de otros países, para las modalidades intelectuales de otras tierras, para la sensibilidad de otros hombres.

En el mismo libro don Emilio Rodríguez Demorizi, publica el *Discurso en honra de Rubén Darío*, de Leopoldo Lugones, y, en la página 438, Lugones expresa lo siguiente:

> He aquí por qué la influencia de Darío fue superior a la de Martí, genio, héroe y mártir. Es que este último, en su propia magnificencia, escribió todavía el castellano académico. Hizo las del Cid, que es decir, cosas grandes entre las más excelsas; pero no habló como él. Pues el Campeador de las Españas cometía galicismos...

Pero veamos qué opinaron los españoles con los que Darío se relacionó en España, opiniones que fueron publicadas en la *Revista Mundo Hispánico*, en septiembre de 1967:

Don Ramón María del Valle-Inclán (1866-1936):

> Darío era como un niño. Su alma era pura, purísima. Yo llegué a quererle tanto como amigo que admirarle como poeta y maestro. Se entendía conmigo mejor que con muchos de nuestra generación. Sobre todo, con Unamuno le resultaba casi imposible llegar a la amistad sin reserva. Don Miguel de Unamuno decía que entre ellos se levantaba siempre una muralla de hielo. Y era cierto. No podían entenderse: Rubén Darío tenía todos los pecados del hombre, que son veniales, y don Miguel tenía todos los pecados del ángel, que son mortales.

Don Juan Ramón Jiménez (1881-1958) dijo de nuestro vate mayor:

> Rubén Darío, Rubén Darío, ¿por qué? Porque él es mucho más vasto, más amplio, más rico que los demás, y por lo tanto es como el significado, la síntesis de los poetas modernistas hispanoamericanos. Los poetas que venimos después de Darío y Unamuno tenemos la influencia doble. Los Machado, por ejemplo, muy acusadamente; era una influencia formal de Darío: alejandrinos pareados, alejandrinos estróficos de cuartetas, sonetos alejandrinos, etc. Es decir, que Rubén Darío influye en lo formal y Unamuno en lo interior; de modo que nosotros empezamos por una doble línea de influencia modernista: una ideológica y otra estética.

Don José Martínez Ruíz, mejor conocido con el seudónimo de Azorín (1873-1967), dijo de Darío:

> Tres poetas ha habido en España modernamente: dos de lengua catalana y uno de lengua castellana. Los catalanes son Jacinto Verdaguer (1843-1902) y Juan Maragall (1860-1911); el castellano, Rubén Darío. De estos tres poetas han sido engendrados espiritualmente otros poetas -en Cataluña, en Castilla- que hoy sienten y escriben. La obra de Rubén Darío está

ya realizada; a él se debe una de las más grandes y fecundas transformaciones operadas en toda nuestra historia literaria. ¿Adónde, en lo pretérito, tendríamos que volver la vista para encontrar un tan hondo y trascendental movimiento poético realizado a influjo de un solo artista?

Miguel de Unamuno y Jugo (1864-1936), dijo de Rubén Darío:

Le aconsejaban las eternas e íntimas inquietudes del espíritu, y ellas le inspiraron sus más profundos, sus más íntimos, sus mejores poemas... Si me hubiera dejado guiar por lo que de él me recitaban los que decían admirarle más, no le hubiese leído nunca. ¡Fortuna grande que le conocí y descubrí al hombre, y este me llevó al poeta! Al indio, lo digo sin asomo de ironía; más bien con pleno acento de reverencia, al indio que temblaba con todo su ser, como el follaje de un árbol azotado por el cierzo, ante el misterio.

Nadie como él (Rubén Darío) nos tocó en ciertas fibras; nadie como él sutilizó nuestra comprensión poética. Su canto fue como el de la alondra; nos obligó a mirar a un cielo más ancho, por encima de las tapias del jardín patrio en que cantaban, en la enramada, los ruiseñores indígenas. Su canto nos fue un nuevo horizonte; pero no un horizonte para la vista, sino para el oído. Fue como si oyésemos voces misteriosas que venían de más allá de donde a nuestros ojos se juntan el cielo con la tierra, de lo perdido tras la última lontananza. Y yo, oyendo aquel canto, me callé. Y me callé porque tenía que cantar, es decir, que gritar acaso, mis propias congojas, y gritarlas como bajo tierra, en soterraño. Y, para mejor ensayarme, me soterré donde no oyera a los demás. ¿Por qué, en vida tuya, amigo, me callé tanto? ¡Qué sé yo!.... ¡Qué sé yo!.... Es decir, no quiero saberlo. No quiero penetrar en ciertos tristes rincones de nuestro espíritu.

José Ortega y Gasset (1883-1955). Este filósofo español, después de leer y analizar a Rubén Darío, expresó lo siguiente:

Fue preciso empezar por la rehabilitación del material poético: fue preciso insistir hasta con exageración en que una estrofa es una isla encantada, donde no puede penetrar ninguna palabra del prosaico continente sin dar una voltereta en la fantasía y transfigurarse, cargándose de nuevos efluvios (emanaciones sutiles) como las naves otro tiempo se colmaban en Ceilán de especias. De la conversación ordinaria a la poesía no hay pasarela. Todo tiene que morir antes para renacer luego convertido en metáfora y reverberación sentimental. Esto vino a enseñarnos Rubén Darío, el indio divino, domesticador de las palabras, conductor de los corceles rítmicos. Sus versos han sido una escuela de forja poética. Ha llenado diez años de nuestra historia literaria.

Federico García Lorca (1898-1936). Poeta y dramaturgo, se expresó de Darío de la siguiente forma:

Como poeta español, enseñó en España a los viejos maestros y a los niños, con un sentido de universalidad y de generosidad que hace falta en los poetas actuales. Enseñó a Valle-Inclàn y a Juan Ramón Jiménez, a los hermanos Machado; y su voz fue agua y salitre, en el curso del venerable idioma. Desde Rodrigo Caro a los Argensola (presbítero Bartolomé Leonardo de Argensola, y su hermano, Lupercio Leonardo de Argensola) no había tenido el español fiestas de palabras, choques de consonantes, luces y formas como en Rubén Darío. Desde el paisaje de Diego Velázquez de Silva y la hoguera de Francisco de Goya; y desde la melancolía de Francisco de Quevedo al culto color manzana de las payesas mallorquinas, Rubén Darío paseó la tierra de España como su propia tierra.

El Dr. Gregorio Marañón (1887-1960), definió a Rubén Darío con las siguientes palabras:

Gracilaso de la Vega creó la poesía más puramente española pero con aportaciones clásicas e italianas, como, siglos después, el nicaragüense Rubén Darío encastizó la poesía castellana, con aportaciones, también clásicas, aunque traducidas del francés, y con el ímpetu juvenil del habla americana.

Jacinto Benavente (1866-1954), se expresó con las siguientes palabras:

¿Qué discurso valdrá lo que un solo verso de Rubén Darío escrito en noble lengua castellana? ¿Qué brindis como la inspirada elevación de su poesía al alzar el poeta, como el sacerdote en el más sublime misterio de nuestra religión, en cáliz de oro, la propia sangre, que no es otro el misterio de la poesía? No hay poeta cuyo corazón no sangre siempre. La sangre del poeta es chorro de luz, que es resplandor para todos, es en el corazón del poeta herida dolorosa. Cuando cantáis a nuestra gloria cantáis a nuestro dolor. ¿No es cierto poeta? Que vuestras rosas suavicen por un instante las espinas de vuestra corona. Las mejores que os ofrecemos son de vuestros propios rosales.... Nos las ofrecisteis para gloria de todos.... Al prenderlas sobre nuestro corazón aprenderán la más dulce palabra de gloria. "¡Amor! ¡Amor al poeta!", canta hoy en nuestros corazones esa canción que es armonía de risa y llanto, y pone en las palabras más vulgares acentos de una verdad resplandeciente, y es como temblar de aguas vivas, y es la caricia de lo sublime, y es el pasar de Dios por nuestras almas.

Cuando Darío falleció el 6 de Febrero de 1916, la intelectualidad del mundo hispanoparlante le dedicó un libro preparado por Juan González Olmedilla, intitulado *La ofrenda de España a Rubén Darío*, impreso en Madrid, con 266 páginas, para la Editorial-América; se imprimió en los talleres de J. Pueyo. En él pueden leerse los siguientes versos dedicados al poeta universal:

> El árbol solariego todo es aleo, cántico,
> miserere, querellas,
> porque murió el divino poeta trasatlántico,
> Rubén Darío, espigador de estrellas.

(Rufino Blanco-Fombona, 1874-1944, venezolano).

> Si era todo tu verso la armonía del mundo,
> ¿dónde fuiste, Darío, la armonía a buscar?

(Antonio Machado, español).

> Como cuando viajabas, hermano, estás ausente,
> y llena está de ti la soledad que espera
> tu retorno... ¿Vendràs? En tanto, primavera
> va a revestir los prados, a desatar la fuente.
> En el día, en la noche... Hoy, ayer... En la vaga

tarde, en la aurora perla, resuenan tus canciones.
Y eres en nuestras mentes y en nuestros corazones
rumor que no se extingue, lumbre que no se apaga.

(Epitafio de Manuel Machado, español).

¡Oh príncipe, elegido de las musas sagradas!
Ante tu fosa, el tiempo renovará los lauros.
¡Te llevarán los cisnes hacia la mar futura!
Para ti, se han abierto las elíseas moradas,
para ti, que poblaste de ninfas y centauros
los bosques mitológicos que amaba tu alma pura!

(In Memoriam, de Rafael Lasso de la Vega, español).

Que en esta lengua madre tu clara historia quede.
Corazones de todas las Españas, llorad.
(Antonio Machado).

El laureado Premio Nóbel de Literatura, Octavio Paz (México, 1914-1998) en su libro "**Cuadrivio**", Editorial Seix Barral, S.A., 1991; hace una magnífica radiografía de la poesía de Rubén Darío y su pensamiento politico, en el inicio del libro, en la página 7, pone los mojones que marcan con claridad las etapas de la literatura española, expresando que:

"Nuestros textos escolares llaman siglos de oro al XVI y al XVII; Juan Ramón Jiménez decía que eran de cartón dorado; más justo sería decir: siglos de la furia española. Con el mismo frenesí con que destruyen y crean naciones, los españoles escriben, pintan, sueñan. Extremos: son los primeros en dar la vuelta al mundo y los inventores del quietismo. Sed de espacio, hambre de muerte. Abundante hasta el despilfarro, Lope de Vega escribe mil comedias y pico; sobrio hasta la parquedad, la obra poética de San Juan de la Cruz se reduce a tres poemas y unas cuantas canciones y coplas. Delirio alegre o reconcentrado, sangriento o pío: todos los colores y todas las direcciones. Delirio lúcido en Cervantes, Velázquez, Calderón; laberinto de conceptos en Quevedo, selva de estalactitas verbales en Luís de Góngora y Argote (España,1561-1627). De pronto, como si se tratase del espectáculo de un ilusionista y no de una realidad histórica, el escenario se despuebla. No hay nada y menos que nada: los españoles viven una vida refleja de fantasmas. Sería inútil buscar en todo el siglo XVIII un Jonathan Swift (Irlanda, 1667-1745) o un Alejandro Pope (Inglaterra, 1688-1744), un Juan Jacobo Rousseau (Ginebra, 1712-1778) o un Pierre Ambroise Chordelos de Laclos (n. Amiens, 1741 – m. Taranto, 1893, jacobino, fue general del ejército de Napoleón Bonaparte). En la segunda mitad del siglo XIX surgen aquí y allá tímidas manchas de verdor: Bécquer, Rosalía de Castro. Nada que se compare a Coleridge, Leopardi o Hölderlin; nadie que se parezca a Baudelaire. A fines de siglo, con idéntica violencia, todo cambia. Sin previo aviso irrumpe un grupo de poetas; al principio pocos los escuchan y muchos se burlan de ellos. Unos años después, por obra de aquellos que la crítica seria había llamado descastados y "afrancesados", el idioma español se pone de pie. Estaba vivo. Menos opulento que en el siglo barroco pero menos enfático. Más acerado y transparente.

El último poeta del período barroco fue una monja mexicana: sor Juana Inés de la Cruz. Dos siglos más tarde, en esas mismas tierras americanas, aparecieron los primeros brotes de la tendencia que devolvería al idioma su vitalidad. La importancia del modernismo es doble: por una parte dio cuatro o cinco poetas que reanudan la gran tradición hispánica, rota o detenida al finalizar el siglo XVII; por la otra, al abrir las puertas y ventanas, reanimó al idioma.

El modernismo fue una escuela poética; también fue una escuela de baile, un campo de entrenamiento físico, un circo y una mascarada. Después de esa experiencia el castellano pudo soportar pruebas más rudas y aventuras más peligrosas. Entendido como lo que realmente fue, un movimiento cuyo fundamento y meta primordial era el movimiento mismo, aún no termina: la vanguardia de 1925 y las tentativas de la poesía contemporánea están íntimamente ligadas a ese gran comienzo. En sus días, el modernismo suscitó adhesiones fervientes y oposiciones no menos vehementes. Algunos espíritus lo recibieron con reserva: Miguel de Unamuno no ocultó su hostilidad y Antonio Machado procuró guardar las distancias. No importa: ambos están marcados por el modernismo. Su verso sería otro sin las conquistas y hallazgos de los poetas hispanoamericanos; y su dicción, sobre todo allí donde pretende separarse más ostensiblemente de los acentos y maneras de los innovadores, es una suerte de involuntario homenaje a aquello mismo que rechaza. Precisamente por ser una reacción, su obra es inseparable de lo que niega: no es lo que está *más allá* sino lo que está *frente* a Rubén Darío. Nada más natural: el modernismo era el lenguaje de la época, su estilo histórico, y todos los creadores estaban condenados a respirar su atmósfera.

Todo lenguaje, sin excluir al de la libertad, termina por convertirse en una cárcel; y hay un punto en el que la velocidad se confunde con la inmovilidad. Los grandes poetas modernistas fueron los primeros en rebelarse y en su obra de madurez van más allá del lenguaje que ellos mismos habían creado. Preparan así, cada uno a su manera, la subversión de la vanguardia: Leopoldo Lugones es el antecedente inmediato de la nueva poesía mexicana (Ramón López Velarde) y argentina (Jorge Luis Borges); Juan Ramón Jiménez fue el maestro de la generación de Jorge Guillén y Federico García Lorca; Ramón del Valle-Inclán está presente en el teatro moderno y lo estará más cada día....El lugar de Rubén Darío es central, inclusive si se cree, como yo creo, que es el menos actual de los grandes modernistas. No es una influencia viva sino un término de referencia: un punto de partida o llegada, un límite que hay que alcanzar o traspasar. Ser o no ser como él: de ambas maneras Darío está presente en el espíritu de los poetas contemporáneos. Es el fundador.

La historia del modernismo va de 1880 a 1910 y ha sido contada muchas veces. Recordaré lo esencial. El romanticismo español e hispanoamericano, con dos o tres excepciones menores, dio pocas obras notables. Ninguno de nuestros poetas románticos tuvo conciencia clara de la verdadera significación de ese gran cambio.

En su primera etapa el modernismo no se presenta como un movimiento concertado. En lugares distintos, casi al mismo tiempo, surgen personalidades aisladas: José Martí en Nueva York, Julián del Casal en La Habana, Manuel Gutiérrez Nájera y Salvador Díaz Mirón en México, José Asunción Silva en Bogotá, **Rubén Darío** en Santiago de Chile. No tardan en conocerse entre ellos y en advertir que sus tentativas individuales forman parte de un cambio general en la sensibilidad y el lenguaje. Poco a poco se forman pequeños grupos y cenáculos; brotan las publicaciones periódicas, como la *Revista Azul* de Manuel Gutiérrez Nájera en México; las tendencias difusas cristalizan y se constituyen dos centros de actividad, uno en Buenos Aires y otro en México. Este periodo es el de la llamada segunda generación modernista. **Rubén Darío es el punto de unión entre ambos momentos**. La muerte prematura de la mayoría de los iniciadores, y **sus dones de crítico y animador**, lo convierten en la cabeza visible del movimiento. **Con mayor claridad que los precursores**, los nuevos poetas tienen conciencia de ser la primera expresión realmente independiente de la literatura hispanoamericana. No les asusta que los llamen descastados: saben que nadie se encuentra a sí mismo si antes no abandona el lugar natal.

La influencia francesa fue predominante pero no exclusiva. Con la excepción de José Martí, que conocía y amaba las literaturas inglesa y norteamericana, y de José Asunción Silva, "lector apasionado de Nietzsche, Baudelaire y Mallamé", según afirmó Max Henríquez Ureña en su *Breve historia del modernismo*, México, 1962; los primeros modernistas pasaron del culto de los románticos franceses al de los parnasianos. La segunda generación, en plena marcha, "agrega a las maneras parnasianas, ricas en visión, las maneras simbolistas, ricas en musicalidad" afirma Enrique Anderson Imbert en su *Historia de la literatura hispanoamericana*, México, 1962. Admiraban con fervor igual a Gautier y a Mendés, a Heredia y a Mallarmé. Un índice de sus preferencias es la serie de retratos literarios que Rubén Darío publicó en un diario argentino, casi todos recogidos en ***Los raros*** (1894). En esos artículos los nombres de Poe, Villiers de l'Isle Adam, León Bloy, Nietzsche, Verlaine, Rimbaud y Lautréamont alternan con los de escritores secundarios y con otros hoy totalmente olvidados. Aparece únicamente un escritor de lengua española: el cubano José Martí; y un portugués: Eugenio de Castro, el iniciador del verso libre. En ciertos casos, es asombroso el instinto de Rubén Darío: fue el primero que se ocupó, fuera de Francia, de Lautréamont. En la misma Francia, si no recuerdo mal, sólo León Bloy y Rémy de Gourmont habían escrito antes sobre Isidoro Ducasse (1845-1870) especialísima figura autor de *Cantos de Maldoror*, representan una especie de "surrealismo" **avant la lettre**. Sospecho, además, que Rubén Darío es el primer escritor de lengua castellana que alude a Sade, en un soneto dedicado a Valle-Inclán: "Este gran don Ramón, de las barbas de chivo,/cuya sonrisa es la flor de su figura,/parece un viejo dios, altanero y esquivo,/que se animase en la frialdad de su escultura./.......o se me rompe en un fracaso de cristales./Yo le he visto arrancarse del pecho la saeta/que le lanzan los siete pecados capitales.

Desde 1888 Rubén Darío emplea la palabra **modernismo** para designar las tendencias de los poetas hispanoamericanos. En 1898 escribe: "El espíritu nuevo que hoy anima a un pequeño pero triunfante y soberbio grupo de escritores y poetas de la América española: el modernismo...." Más tarde dirá: los modernos, la modernidad. Durante su extensa y prolongada actividad crítica no cesa de reiterar que la nota distintiva de los nuevos poetas, su razón de ser, es la voluntad de ser modernos.

La modernidad no es la industria sino el lujo. No la línea recta: el arabesco de Aubrey Beardsley. Su mitología es la de Gustave Moreau (al que dedica una serie de sonetos Julián del Casal); sus paraísos secretos los del Huysmans de A Rebours; sus infiernos los de Poe y Baudelaire. Un marxista diría, con cierta razón, que se trata de una literatura de clase ociosa, sin quehacer histórico y próxima a extinguirse. Podría replicarse que su negación de la utilidad y su exaltación del arte como bien supremo son algo más que un hedonismo de terrateniente: son una rebelión contra la presión social y una crítica de la abyecta actualidad latinoamericana. Además, en algunos de estos poetas coincide el radicalismo político con las posiciones estéticas más extremas: apenas si es necesario recordar a José Martí, luchando por la libertad de Cuba que nunca logró, y a Manuel González Prada, uno de nuestros primeros anarquistas. Leopoldo Lugones fue uno de los fundadores del socialismo argentino; y muchos de los modernistas participaron activamente en las luchas históricas de su tiempo: Guillermo Valencia, José Santos Chocano, Salvador Díaz Mirón, José María Vargas Vila....**El modernismo no fue una escuela de abstención política sino de pureza artística**. Su esteticismo no brota de una indiferencia moral. Tampoco es un hedonismo. Para ellos el arte es una pasión, en el sentido religioso de la palabra, que exige un sacrificio como todas las pasiones. El amor a la modernidad no es culto a la moda: es voluntad de participación en una plenitud histórica hasta entonces vedada a los hispanoamericanos. La modernidad no es sino la historia en su forma más inmediata y rica. Más angustiosa también: instante henchido de presagios, vía de acceso a la gesta del tiempo. Es la contemporaneidad. Decadente y bárbaro, el arte moderno es una pluralidad de tiempos históricos, lo más antiguo y lo más nuevo, lo más cercano y lo más distante, una totalidad de presencias que la conciencia puede asir en un momento único.

En suma, la novedad del modernismo consistió en la invención de metros; su originalidad, en la resurrección del ritmo acentual.

Realmente, Darío y Martí fueron y son, por sus escritos, antiimperialistas. Octavio Quintana González, en la página 88 de su libro *Apreciaciones y Anécdotas sobre Rubén Darío*[12], 1950, dice:

> En este capítulo yo deseo estampar el significado profundo de los llamados que hiciera Darío tan desesperadamente al Creador de todo lo Creado, "por la paz y por la libertad de los pueblos oprimidos; por los pobres pueblos sacrificados por los déspotas... por la ambición que no tiene límites en los que llegan a ser poderosos". Igualmente, Martí, le contesta a su compañero de lucha, Antonio Maceo, cuando este le reclama por la indiferencia de los pobladores criollos de la Capitanía General de Cuba, lo siguiente: "Estos son los bueyes que tenemos, y con ellos debemos arar". Dice don Vicente Sáenz en su libro *Martí, Raíz y Ala del Libertador de Cuba*, lo siguiente: "Lo peor, para Martí, en los Estados Unidos, son los políticos del Tammny Hall, los funcionarios que se dejan sobornar, los banqueros de "pies en mesa, bolsa rica, hablar insolente, puño presto, ayer mineros, luego nababas, luego senadores... que merodean y devastan a la usanza moderna... y donde ven un débil comen de él, y veneran en sí la fuerza, única ley que acatan".

Y para confirmar lo anterior, deseo transcribir en su totalidad un artículo de Rubén Darío, en donde claramente deja ver su pensamiento político. Estos escritos han sido recogidos por diferentes investigadores, entre ellos Alberto Ghiraldo quien en su obra *Rubén Darío. Obras Completas. Volumen XI. Crónica Política*, editada por Espasa-Calpe, Madrid, 1924, expone diversos escritos, y, en el libro *Prosas Políticas. Rubén Darío*[13], (Colección Popular Dariana, Managua, 1982) recopiladas por Jorge Eduardo Arellano, se encuentra muy especialmente el artículo *El fin de Nicaragua* que a continuación transcribo íntegramente:

> Cuando el yanqui William Walker llevó a Nicaragua sus rifleros de ojos azules, se hallaban los Estados Unidos harto preocupados con sus asuntos de esclavistas y antiesclavistas, y el futuro

imperialismo estaba en ciernes. Si no, ha tiempo que Nicaragua ¡qué digo! las cinco repúblicas de la América Central serían una estrella o parte de una estrella del pabellón norteamericano. Los manes de William Walker deben estar hoy regocijados. Era aquel filibustero culto y valiente, y de ideas dominadoras y de largas vistas tiránicas, según puede verse por sus *Memorias*, ya en el original inglés, muy raro, ya en la traducción castellana de Favio Carnevallini, también difícil de encontrar. En tiempo de Walker era el tránsito por Nicaragua de aventureros que iban a California con la

fiebre del oro. Y con unos vaporcitos en el Gran Lago, o Lago de Granada, comenzó la base de su fortuna el abuelo Vanderbildt, tronco de tanto archimillonario que hoy lleva su nombre. William Walker era ambicioso; mas el conquistador nórdico no llegó solamente por su propio esfuerzo, sino que fue llamado y apoyado por uno de los partidos en que se dividía el país. Luego habrían de arrepentirse los que creyeron apoyarse en las armas del extranjero peligroso. Walker se comió el mandado, como suele decirse. Se impuso por el terror, con sus bien pertrechadas gentes. Sembró el espanto en Granada. Sus tiradores cazaban nicaragüenses como quien caza venados o conejos. Fusiló notables, incendió, arrasó. Y aún he alcanzado a oír cantar ciertas viejas coplas populares:

> La pobre doña Sabina
> un gran chasco le pasó,
> que por andar tras los yanques
> el diablo se la llevó.

No se decía yanquis, sino yanques.

> Por allá vienen los yanques
> con cotona colorada,
> gritando ¡hurra! ¡hurra! ¡hurra!
> En Granada ya no hay nada.

Y llegó Walker a imperar en Granada, y tuvo partidarios nicaragüenses, y hasta algún cura le celebró en un sermón, con citas bíblicas y todo, en la parroquia. Pero el resto de Centro América acudió en ayuda de Nicaragua, y con apoyo de todos, y muy especialmente de Costa Rica, concluyó la guerra nacional echando fuera al intruso. El bucanero volvió a las andadas. Desembarcó en Honduras. Fue tomado prisionero en Trujillo, y, para evitar nuevas invasiones, se le fusiló. Y la defensa contra el famoso yanqui ha quedado como una de las páginas más brillantes de la historia de las cinco repúblicas centroamericanas.

Y es allí en esa misma ciudad de Granada de que habla la copla vieja, en donde, por odio al gobierno de Zelaya (a quien hoy echan de menos los nicaragüenses como los mejicanos a Porfirio Díaz), se formó una agrupación yanquista, que envió a Washington actas en que se pedía la anexión, que paseó por las calles entre músicas y vítores el pabellón de las bandas y estrellas, clamando por depender de la patria de Walker, dando vivas al presidente de la Casa Blanca; y se buscó a cada paso la ocasión de la llegada de un ministro, de un cónsul, de un enviado cualquiera de los Estados Unidos, para manifestar las ansias del yugo washingtoniano, el masochismo del *big stick*, el deseo del puntapié de la bota de New York, de New Orleáns o de Chicago. Y entretanto la revuelta después que se hubo logrado la traición de Estrada (quien hoy de seguro lamentará su error trascendente); y compañías como la United Fruti no escatimaban los dólares para la sangrienta fiesta de la muerte de que tan buen provecho se proponían sacar. Zelaya hizo bien en mandar ejecutar, después de juzgados militarmente se entiende, a dos yanquis que fueron tomados en momentos en que ponían minas para hacer volar dos barcos llenos de soldados del gobierno, allá en la costa norte, que era el punto de la insurrección. Mas esa doble ejecución le costó la presidencia y le valió el destierro. Y el apoyo y la simpatía que a Zelaya prestara y demostrara el viejo presidente mejicano, fue una de las causas de que los Estados Unidos, es decir, míster Knox, viese con buenos ojos la revolución de Madero; y Porfirio Díaz también cayó, al soplar el vendaval del lado del norte. Cuando Zelaya entregó el poder a Madriz se creyó la revuelta develada; y ya iba el gobierno a deshacer a los revolucionarios de Bluefields, cuando desembarcaron tropas yanquis que apoyaron a Estrada, Chamorro y demás sublevados. Cayó Madriz y se constituyó un nuevo gobierno; el Partido Conservador, que antes de Zelaya había mandado treinta años, y que con Zelaya estuviera aplastado diecisiete años, renació, pero para cometer peores cosas que aquellas de que acusaban al gobierno liberal. Se tomó todo lo que se pudo del tesoro exhausto, se ordenó pagar enormes sumas a los prohombres conservadores. Y el país miserable, arruinado, hambriento, con el cambio al dos mil, veía llegada su última hora. Los yanquis ofrecieron dinero; y enviaron una comisión para encargarse del cobro de los impuestos de aduana, después de la llegada de cierto famoso Mr. Dawson, perito en tales entenderes por su práctica en Panamá y en la República Dominicana. Y se iba a realizar la venta del país, con un ruinosísimo empréstito, negociado en Washington por el ministro Castrillo, cuando, felizmente, algunas voces cuerdas y humanas se oyeron en el Congreso de los Estados Unidos, y a pesar de los senadores interesados y de los deseos del gobierno, el empréstito no fue aprobado. Más, de hecho, el imperio norteamericano se extendía sobre el territorio nicaragüense, y la pérdida implícita de la soberanía era una triste realidad aunque no hubiese ninguna clara declaración al respecto. Hombres de cierto influjo, como los Arellanos, de Granada, habían fomentado los designios del grupo anexionista. ¿No se ha contado por la prensa nicaragüense un detalle indigno? Dícese que estando reunido el Congreso de Nicaragua para tratar de la reforma de la Constitución se recibió un cablegrama de la Casa Blanca en el cual se ordenaba (esa es la palabra), que no se tratase la reforma de la Constitución hasta que llegase un comisionado del gobierno de los Estados Unidos... Si esto no es ya perder completamente la nacionalidad que venga Washington y lo diga, porque ya sería tarde para preguntárselo a San Martín o a Bolívar. Entretanto en el Partido Conservador surge un cisma, una disgregación mortal. Unos quieren que sea presidente el que por de pronto ocupa el puesto, Adolfo Díaz Recinos, hombre civil, hijo del poeta y general Carmen Díaz Reñazco, de honesta memoria; otros que sea el rústico y tremendo general Luis Mena, hombre de machete y popular boga en los departamentos de Oriente; otros que sea el general Emiliano Chamorro Vargas, simpático en la capital; otros que sea el alejado Estrada, el hombre del primer golpe, después venido a menos y que partió a norteamérica; y aún creo que hay otros candidatos más. Y así el partido se dividió; quedó en la presidencia Adolfo Díaz Recinos, pero Luis Mena, ministro de la Guerra, tenía las armas y dominaba el ejército; y Díaz no podía disponer nada, ni emprender nada sin la anuencia y aprobación de Mena; presidía pero no gobernaba, con la amenaza de un golpe militar. Y llegó el momento en que instigado por sus partidarios, pensó en deshacerse de la tutela de su ministro de la Guerra; mas éste paró el golpe, y, como supiese que para los Estados Unidos no era <u>persona grata,</u> no aguardó las elecciones y se rebeló contra el gobierno del presidente Adolfo Díaz Recinos. Díaz entonces pide apoyo a los prohombres de la Casa Blanca, y la ocasión para repetir lo de Cuba y lo de Panamá no pudo ser más propicia a Philander Knox y compañía. De los barcos de guerra anclados en los puertos de Corinto y de Bluefields desembarcaron tropas para imponer el orden, para <u>proteger las legaciones</u>, como si se tratase de contener hordas chinas. En el interior se renuevan los odios entre Granada y León, y en las escenas de guerra se retrocede cincuenta años; odios de campanario, odios de bandería, odios odiosos de grotescos Montescos y absurdos Capuletos. Vuelven a verse el incendio y la matanza entre las dos ciudades rivales; incendios como el que destruyera a Granada antaño, matanzas como aquella en que fue arrastrado a la cola de un caballo el cuerpo de mi tío abuelo <u>el indio Darío.</u> Y los Estados Unidos con la aprobación de las naciones de Europa, y quizá de algunas de América, ocuparán el territorio nicaragüense, territorio que les conviene, tanto por la vecindad de Panamá, como porque entra en la posibilidad de realizar el otro paso interoceánico por Nicaragua, por las necesidades comerciales, u otras, y así se aprovecharán los estudios ya hechos por los ingenieros de la marina norteamericana, como el cubano Menocal. Y la soberanía nicaragüense será un recuerdo en la historia de las repúblicas americanas.

Publicado en el diario *La Nación*, Buenos Aires en septiembre 28 de 1912).

En otro escrito, tomado del libro "*Crónica política*", ordenadas y prologadas por Alberto Ghiraldo, en la página 125, Rubén Darío es mucho más incluyente, con una crítica a la sociedad, a sus costumbres mezquinas que desembocan en un mundo corrupto plagado de injusticia. Con el siguiente escrito, Darío, deja bien claro cuál es su punto de vista con respecto a los problemas sociales. Este escrito es de actualidad, hoy, cuando escribo estas líneas en el inicio del siglo XXI, y estoy seguro que seguirá siendo de actualidad por mucho tiempo, puesto que es evidente y obvio que el hombre ha llegado a tal grado de inmoralidad que podemos decir que no existe esperanza para superar tal mezquindad en los seres humanos, que hoy solamente viven para acumular dinero de cualquier forma y a cualquier precio, especialmente aquéllos que ostentan el poder en nuestras naciones. Además, fue un profeta con lo que dijo en este pequeño pero muy significativo escrito lleno de ideas. Veamos lo que el poeta universal dice:

¿Por qué?

¡Oh, señor!, el mundo anda muy mal. La sociedad se desquicia. El siglo que viene verá la mayor de las revoluciones que han ensangrentado la tierra. ¿El pez grande se come al chico? Sea; pero pronto tendremos el desquite. El pauperismo reina, y el trabajador lleva sobre sus hombros la montaña de una maldición. Nada vale ya sino el oro miserable. La gente desheredada es el rebaño eterno para el eterno matadero. ¿No ve usted tanto ricachón con la camisa como si fuese de porcelana, y tanta señorita estirada envuelta en seda y encaje? Entretanto, las hijas de los pobres, desde los catorce años, tienen que ser prostitutas. Son del primero que las compra. Los bandidos están posesionados de los Bancos y de los almacenes. Los talleres son el martirio de la honradez; no se pagan sino los salarios que se les antoja a los magnates, y, mientras el infeliz logra comer su pan duro, en los palacios y casas ricas los dichosos se atracan de trufas y faisanes. Cada carruaje que pasa por las calles va apretando bajo sus ruedas el corazón del pobre. Esos señoritos que parecen grullas; esos rentistas cacoquimios y esos cosecheros ventrudos, son los ruines martirizadores. Yo quisiera una tempestad de sangre; yo quisiera que sonara ya la hora de la rehabilitación, de la justicia social. ¿No se llama democracia a esa quisicosa política que cantan los poetas y alaban los oradores? Pues maldita sea esa democracia. Eso no es democracia, sino baldón y ruina. El infeliz sufre la lluvia de plagas; el rico goza. La Prensa, siempre venal y corrompida, no canta sino los violines que tocan los grandes potentados. Al pueblo no se le hace caso. Y el pueblo está enfangado y pudriéndose por culpa de los de arriba: en el hombre, el crimen y el alchoholismo; en la mujer, así la madre, así la hija y así la manta que las cobija. ¡Con que calcule usted! El centavo que se logra, ¿para qué debe ser sino para el aguardiente? Los patronos son ásperos con los que les sirven. Los patronos, en la ciudad y en el campo, son los tiranos. Aquí le aprietan a uno el cuello; en el campo insultan al jornalero, le escatiman el jornal, le dan a comer lodo y, por remate, le violan a sus hijas. Todo anda de esta manera. Yo no sé cómo no ha reventado ya la mina que amenaza al mundo, porque ya debía haber reventado. En todas partes arde la misma fiebre. El espíritu de las clases bajas se encarnará en un implacable y futuro vengador. La onda de abajo derrocará la masa de arriba. La Comune, la Internacional, el nihilismo, eso es poco; ¡falta la enorme y verdadera coalición! Todas las tiranías se vendrán al suelo: la tiranía política; la tiranía económica; la tiranía religiosa, porque el cura es también aliado de los verdugos del pueblo. Él canta su Tedeum y reza su Paternoster más por el millonario que por el desgraciado. Pero los anuncios del cataclismo están ya a la vista de la humanidad y la humanidad no los ve; lo que verá bien será el espanto y el horror del día de la ira. No habrá fuerza que pueda contener el torrente de la fatal venganza. Habrá que cantar una nueva *Marsellesa* que, como los clarines de Jericó, destruya la morada de los infames. El incendio alumbrará las ruinas. El cuchillo popular cortará cuellos y vientres odiados; las mujeres del populacho arrancarán a puños los cabellos rubios de las vírgenes orgullosas; la pata del hombre descalzo manchará la alfombra del opulento, se romperán las estatuas de los bandidos que oprimieron a los humildes, y el cielo verá con temerosa alegría, entre el estruendo de la catástrofe redentora, el castigo de los altivos malhechores, la venganza suprema y terrible de la miseria borracha.

Pero ¿quién eres tú? ¿Por qué gritas así?

Yo me llamo Juan Lanas y no tengo un centavo.

Y por si fuese poco, en la página 22 del libro "Cuadrivio" de **Octavio Paz**, reafirma la posición política de los poetas del modernismo, especialmente la de Rubén Darío, desde cuando era un jovencito y especialmente desde su época en Santiago y Valparaíso, Chile, diciendo que:

En Santiago y Valparaíso penetra en mundos más civilizados e inquietos. Hoy no es fácil hacerse una idea de lo que fueron las oligarquías hispanoamericanas al final del siglo. La paz les había dado riqueza y la riqueza, lujo. Si no sintieron curiosidad por lo que pasaba en sus tierras, la tuvieron muy viva por lo que ocurría en las grandes metrópolis ultramarinas. No crearon una civilización propia pero ayudaron a afinar una sensibilidad. En la biblioteca privada de su joven amigo chileno Pedro Balmaceda Toro, Rubén Darío sacia su sed de nuevas lecturas. Bohemia. Aparece el ajenjo. Primeros artículos de combate: "Yo estoy con Gautier, el primer estilista de Francia." Admira también a Francisco Coppée (1842-1908) y sobre todo a Catulle Mendès, **su iniciador y guía**. Al mismo tiempo sigue escribiendo desteñidas imitaciones de los románticos españoles: ahora son Gustavo Adolfo Bécquer (1836-1870) y Ramón de Campoamor (1817-1901) político que representa la poesía realista y que en sus ideas poéticas, como en su obra, no obstante su gran talento, cayó en prosaísmos. (El prosaísmo es el defecto de la obra en verso, , o de cualquiera de sus partes, que consiste en la falta de armonía o de entonación poéticas o en la trivialidad del concepto). Es una despedida pues su estética ya es otra: "La palabra debe pintar el color de un sonido, el perfume de un astro, aprisionar el alma de las cosas." **En 1888 publica *Azul....* Con este libro, compuesto de cuentos y poemas, nace oficialmente el modernismo.** Desconcertó sobre todo la prosa, más osada que los versos. En la segunda edición (1890), Darío restablece el equilibrio con la publicación de varios poemas nuevos: sonetos en alejandrinos (un alejandrino nunca oído antes en español), otros en dodecasílabos y otro más en un extraño y rico metro de diecisiete sílabas. No sólo fueron los ritmos insólitos sino el brillo de las palabras, la insolencia del tono y la sensualidad de la frase lo que irritó y hechizó.....En su tiempo *Azul....* fue un libro profético; hoy es una reliquia histórica.

Como se puede notar, todos los personajes que he mencionado, y que expresaron lo que de Darío pensaban y aquilataban, pertenecen a diversas nacionalidades. Ninguno es nicaragüense, con salvedad del doctor Alfonso Argüello Argüello y don Octavio Quintana. Todos coinciden, no es extraño, en que Darío reconociera en el prójimo cualidades y calidades literarias y humanas. Esos personajes ponderan el aporte que nuestra gloria literaria hiciera al bello, hermoso y rico idioma de don Alfonso X el Sabio, del infante don Juan Manuel el Escritor, de don Iñigo López de Mendoza conocido como el Marqués de Santillana, de Garcilaso de la Vega, de Juan de Encina, de Juan de la Cueva, de Jorge Manrique, de don Miguel de

Cervantes y Saavedra, de don Luis de Góngora y Argote, de don Francisco de Quevedo y Villegas y de don Marcelino Menéndez y Pelayo.

Por todo lo anterior, el propio poeta reconoce en su autobiografía a sus maestros, ya de adulto, cuando estaba viviendo en Chile, y a propósito expresa textualmente lo siguiente:

> …He de manifestar que es en ese periódico donde comprendí a mi manera el manejo del estilo y que **en ese momento** fueron mis maestros de **prosa** dos hombres muy diferentes: Paul Groussac y Santiago Estrada, además de José Martí. Seguramente en uno y otro existía espíritu de Francia. Pero de un modo decidido, Groussac fue para mí el verdadero conductor intelectual.

Recordemos que los últimos años del siglo XIX fueron, para Argentina, tiempos de euforia política y cultural. Y es precisamente el franco-argentino Paul Groussac, amigo y compañero de Rubén Darío, que residió en Argentina entre 1892 a 1896, quien con Darío enfrentó las primeras escaramuzas modernistas en el Ateneo rioplatense. Y según las palabras de Darío:

> Paul Groussac actuó de Pierre Louys; yo, ejercía de Paul Verlaine; el a la sazón efébico Eugenio Díaz Romero (1877-1927), de Samain; Leopoldo Díaz (1862-1947), de todo; el querido gran Leopoldo Lugones (1868-1938) se contentaba interinamente con fungir de Laurent Tailhade.

Y en *Historia de mis libros*[14], 1909, agrega, confiesa y admite:
> Fue Catulle Mendès mi verdadero iniciador, un Mendès traducido, pues mi francés todavía era precario. Algunos de sus cuentos lírico-eróticos, una que otra poesía de las comprendidas en el Parnaso contemporáneo (*Parnase contemporaine*), fueron para mí una revelación. Luego vendrían otros anteriores y mayores: Theophile Gautier (1811-1872), el Gustave Flaubert (1821-1880) de *La tentation de St. Antoine*, Paul de Saint-Victor, que me aportarían una inédita y deslumbrante concepción del estilo…

Léase bien, **estilo**. Y continúa: *En el Rey burgués*[15], "creo reconocer la influencia de Alphonse Daudet (1840-1897)".

Me parece oportuno precisar en este momento, que mi opinión es que se debe leer lo que el poeta escribiera acerca de sus libros para salir de dudas y evitar especulaciones.

En la página 142 del libro *Este otro Rubén Darío*[16] de Antonio Oliver Belmás, en el marco de las cartas americanas, don Juan Valera le envía una correspondencia a don Marcelino Menéndez Pelayo, y en una de dichas cartas, fechada el 29 de Agosto de 1892, Juan Valera, refiriéndose al poeta Rubén Darío y a otros colaboradores de la publicación *El Centenario*, escribe lo siguiente:

> Los artículos de Emilio Castelar (1832-1899) cada día me parecen peores, pero ya llevamos tres publicados en *El Centenario*. Hemos publicado uno de Barrantes que parece la obra de un tontiloco. Doña Emilia Pardo Bazán me remitió ayer uno suyo, malo e insignificante, aunque corto. Indudablemente es mejor escritora doña Soledad Acosta de Samper. Considero a usted engolfado en la *Antología de poetas líricos hispanoamericanos*. Muchísimo malo debe de haber. Lo difícil es escoger lo menos malo y ver cómo, sin que se piquen los postergados, atina usted a hacer un libro en que se pueda leer algo más que el Prólogo o Introducción que usted escriba. Rubén Darío, tal vez el mejor y más original autor que hay ahora en América, está en España. Supongo que andará viendo ciudades y aún no habrá venido a Madrid, pues o hubiera acudido a verme en mi casa, o yo, que le he buscado por las fondas, hubiera dado ya con él.

En otra carta, dirigida a la misma persona, fechada el 18 de Septiembre de 1892, expresa lo siguiente:

> "...y Rubén Darío, de cuyo poderoso y originalísimo ingenio me convenzo más cada día. Veo en él lo primero que América da a nuestras letras, donde, además de lo que nosotros dimos, hay no poco de allá. No es como Bello, Heredia, Olmedo, etc., en quienes todo es nuestro y aun lo imitado de Francia ha pasado por aquí, sino que tiene bastante del indio sin buscarlo, sin afectarlo, y además no lo diré imitado, sino asimilado e incorporado de todo lo reciente de Francia y de otras naciones; está mejor entendido que aquí se entiende, más hondamente sentido, más diestramente reflejado y mejor y más radicalmente fundido con el ser propio y

castizo de este singular semi-español, semi-indio. ¡Cómo se contrapone al otro chichito, cuyos versos son una decimaquinta dilución de Bécquer, en líquida tontería! Y ya en Bécquer había algo de dilución de Heine. Mientras que en Rubén Darío hay, sobre el mestizo, de español y de indio, el extracto, la refinada tintura del **parnasiano**, del **decadente** y de todo lo novísimo de extranjis, de donde resulta, a mi ver, mucho de insólito, de nuevo, de inaudito y de raro, que agrada y no choca porque está hecho con acierto y buen gusto. Ni hay tampoco afectación, ni esfuerzo, ni prurito de remedar, porque todo en Darío es natural y espontáneo, aunque primoroso y como cincelado. Es un muchacho de veinticuatro a veinticinco años, de suerte que yo espero de él mucho más. Y me lisonjeo de que usted ha de pensar como yo cuando lea con atención o bien oiga lo que escribe este poeta en prosa y en verso.

En ese mismo libro de Antonio Oliver Belmás, en la página 221, Juan Valera expresa:

Ni de Martí ni de Julián del Casal he hallado huellas directas en el archivo de Rubén Darío. En cambio las hay abundantes de otros poetas cubanos, entre ellos de Enrique Hernández Miyares, director de *La Habana elegante*, del fino Luis Rodríguez Embíl, de Manuel Serafín Pichardo, director de *El Fígaro de la Habana*, y de Agustín Acosta. Con todos sostuvo correspondencia Darío, y la más prolongada amistad fue la de Pichardo. Éste coleccionó autógrafos darianos y murió en España siendo ministro (embajador) de su país en los primeros tiempos de la guerra civil española.

Su amigo chileno, Francisco Contreras, en su libro *Rubén Darío: Su vida y su obra*[17], en la página 227 expone lo siguiente:

Prosas Profanas es obra de poesía refinada y sutil, que aporta una nota nueva, sin verdaderos precedentes, a la lírica castellana, regida ayer por la serenidad clásica o el preciosismo culterano, y regulada modernamente por la ampulosidad del pseudo clasicismo o la sentimentalidad descabellada de nuestros románticos. Con este libro llega a la cima de su genialidad.

Don Arturo Marasso, en su libro *Rubén Darío y su creación poética*[18], al inicio de las Palabras Preliminares, expresa:

> El misterio poético de Rubén Darío, la emoción lírica, la música y el esmalte de su verso, la perspectiva cambiante de su paisaje interior, la resonancia de su universo espiritual, cuanto encierra en su poesía un encantamiento indefinible, resiste, en parte, al análisis; lo que hay en él de vate, de iniciado en religiones y mitos, de hombre, en fin, no siempre puede ser convertido en materia de observación microscópica, porque todo eso, don de su alma, vibración de su ser, es él, en lo íntimo de su conciencia extraña, estremecida por el más sutil contacto de imágenes y sugestiones que llegan de los horizontes del mundo, de la historia, de lo eterno.

Y continúa expresando en la página seis:

> La tendencia a la libertad intelectual, a ser uno en sí lo que es, el creador de su propio arte, el oráculo de su alma propia, tan difundida en los orígenes del romanticismo hace decir a Rubén: Mi literatura es mía en mí. Y recordar a Wagner: Lo primero es no imitar a nadie. De allí que Rubén elabore su obra, su oculta filosofía confrontándola consigo mismo; él también quiere ser expresión de sí mismo y aconsejará al joven, al alumno: Llena tu copa y bebe.

Hay un punto de vista sumamente interesante expresado por Mr. Robert Jay Glickman, de la Universidad de Toronto, en su ensayo *El joven Rubén Darío en confrontación con la vida*[19]:

> En la producción de su época formativa (1880-1887), no sólo se descubren referencias a temas generales como la **libertad**, la **justicia**, el **patriotismo**, la **fraternidad**, la **paz** y el **progreso**, sino también vituperaciones contra los horrendos monstruos que, al parecer del joven escritor, minaban las bases de la sociedad contemporánea. Por ejemplo, en la poesía de su adolescencia, Darío delató a la "hidra aristocrática," que, habiendo alistado en su defensa a "la muchedumbre criminal y necia" tenía en cadenas al libre pensamiento e impedía el progreso físico y espiritual de la Humanidad (en el poema *A los liberales*). Denunció también a la "hidra" de la ignorancia, que:

bajo ascética solapa
a guerra y discordia incita...
y hace brotar del abismo
al cuervo del Fanatismo
que por su pico enlodado
arroja crimen, pecado
y tremendo obscurantismo

(del poema *Al Ateneo de León*, 1881).

Llamando "Belcebú" al jesuita (en el poema *El jesuíta*) y "Santo Tirano" al Papa (en el poema *Al Papa*, 1881) condenó al clero por haber profanado los sagrados principios de Cristo. Y luego, mirando en otra dirección, retó a un nuevo enemigo de la libertad humana a saber: "la moderna ciencia", que, por el materialismo que desprendía de su ser, infundía "pavor a la conciencia..." (en el poema *Espíritu*, 1882). Para el sensible Darío, el mundo estaba lleno de hipocresía, adulación, blasfemia, mezquindad y mil otros vicios que infectaban a la raza humana con una incontenible "gangrena moral" (esto aparece en la Introducción a *Epístolas y poemas*, 1885). Como consecuencia de esa infección, los divinos ideales de antaño estaban a punto de expirar, y la sociedad quedaba completamente desbaratada: "para cada vicio/ se eleva un arco triunfal" y "el hombre del hombre es lobo" (en el Prólogo a *Abrojos*, 1887). En realidad, el joven Rubén Darío sufría tres veces: Primero, como cualquier otra víctima de la vida, sufría el lento martirio de todos los días. Segundo, como sensible observador, sufría vicariamente la inmolación del prójimo. Tercero, como creador de belleza, sufría el suplicio particular del poeta en un mundo hostil.

Al Papa (soneto)

No vayas al altar, Santo Tirano,
Que profanas de Dios la eterna idea:
¡aún la sangre caliente roja humea
en tu estola, en tu cáliz y en tu mano!

La sacra luz del pensamiento humano
Ahora ante tu frente centellea:
Proclamas tu poder ¡maldito sea!
Pues es tu bendición augurio insano.

La Basílica cruje en conmociones
Y se enciende la luz de los ciriales;
Tú cantas los oremus y oraciones
Y te besan el pié los Cardenales.

¡Oh! No ensucies al Cristo entre tu cieno
No escupas en el rostro al Nazareno!….

(León, Nicaragua, junio de 1882).

El Jesuita

¿Qué es el jesuíta? -Bolívar
preguntó una vez a Olmedo-
Es el crimen, el enredo;
es el que da al pueblo acíbar
envuelto en sabroso almíbar.
El inmortal Andrés Bello
estaba poniendo un sello
a una carta a San Martín,
y dijo con retintín:
-¿El jesuíta…? Lo dice ello.
Bien: ahora hablaré yo.
Juzga después lector, tú:
el jesuíta es Belcebú,
que del Averno salió.
¿Vencerá al Progreso? ¡No!
¿Su poder caerá? ¡Oh, sí!
Ódieme el que quiera a mí;
pero nunca tendrá vida
la sotana carcomida
de esos endriagos aquí.

(Poema escrito Darío en su pubertad, en 1881).

Seguramente, nuestro poeta le hubiera dedicado una Oda en cincuenta y una estrofas Horacianas al distinguido Cardenal Miguel Obando y Bravo, un mafioso, en homenaje a sus intervenciones en la vida social y política, muy especialmente por sus aportes a solucionar los problemas en los momentos de crisis y su contubernio con los nueve jinetes apocalípticos del frentismo y la mafia del PLC-arnoldista. Debo aclarar, que los poemas anteriores no son expuestos como una muestra de su calidad poética, de ninguna manera, pues esos poemas fueron escritos cuando apenas contaba con 15 años de edad o menos; edad en la que produjo realmente excelente poesía, como la que a continuación expongo; pero el objetivo de esos poemas (El Jesuita y El Papa) son una muestra de sus inquietudes juveniles y de su valor al decir lo que pensaba, exponiéndose realmente a la censura de los sectores retrógrados de la sociedad, de los que finalmente fue víctima cuando los diputados conservadores le negaron una miserable beca para estudiar en Europa y lo condenaron a trabajar como empleadillo de una tienda de bisuterías. La docta ignorancia es la que siempre ha gobernado en esa pobre y miserable nación. Para muestra de la calidad poética de Rubén Darío, desde cuando era apenas un jovencito menos de dieciocho años, veamos este que dedicó "*A Víctor Hugo*", 1881, y que dice:

Deja que admire, oh genio sin segundo,
un triste trovador del Nuevo Mundo
tu gloria sin igual. Deja te envie
las humildes canciones
que te brindo yo acá, en estas regiones.

Yo siento ahora, que en mi ser se agita
grandiosa inspiración, cual fuego hirviente
que se resuelve en el profundo seno
de combusto volcán, y rudamente
a las rocas conmueve. Se levanta
y se eleva mi ardiente fantasía
en alas de lo ideal, y mi voz canta.

Salud, genio inmortal, salud, profeta,
a cuya voz sonora y prepotente
tiemblan los opresores en sus tronos.
La libertad como radiosa llama
reverbera en tu mente
o con su ardor tu corazón inflama.

Como alto monte que levanta airoso
su melena de robles hasta el cielo,
y se estrellan en él los huracanes
con horrísono estruendo, sin que puedan
conmoverlo siquiera; así tu genio
se ostenta altivo en la extensión del suelo.
Tus glorias inmortales
desafían mundanos vendavales.

De tu palabra el eco, ¡gran misterio!,
cual de la antigua Jericó los muros
se desplomaron con horror profundo
al son aterrador de los clarines,
cayéronse los solios del imperio,
y tremenda memoria,
ante la faz del Universo entero,
de ellos conserva el libro de la Historia..

Cuando pulsas tu lira, y brindas suaves
canciones a las brisas pasajeras,
y a las pintadas aves,
que cantan sus amores
cuando amanece el día,
en medio de las fértiles praderas;
aquéllas sus rumores
te ofrecen blandamente;
ésta te dan su dulce melodía,
y toda la Natura
al escucharte de placer murmura....

Y mil querubes, con doradas arpas
de mundo en mundo pasan repitiendo
que serás inmortal. Venus sonríe
si oye entre el aura el eco de tu plectro;
y Júpiter Tonante
que manda el aquilón, domeña el rayo
que a su voz el Olimpo temblar hace
y se presenta, con su manto de éter,
en un trono flamígero y radiante;

y Apolo el soñador, a Erato dice
que en los ojos te bese,
y a Thalía y sus siete compañeras
que corten lirios y laurel y mirto
en el divino, encantador Parnaso,
y coronen tu frente y siembren rosas
donde pongas tu planta....
Y un coro sin igual mil himnos canta.

Saludas a Leucipo y a Descartes
con la sien coronada de laureles;
y el genio de las artes
con su voz misteriosa
anuncia que sonríen en su fosa,
los manes de Menandro y Praxiteles.

"El Progreso sin fin", éste es tu lema,
y la insignia que lleva tu bandera...
"El Progreso sin fin"; ¿Qué significa
tal palabra? Pues bien: es Jesucristo
predicando igualdad y unión al pueblo,
y muriendo en su cruz; es Galileo
ceñido de su fúlgida diadema
que exclama: E PUR SI MUOVE, aun a despecho
del Fanatismo cruel; es el deseo
del Genovés intrépido que un día,
en éxtasis profundo,
a la Iberia potente dióle un mundo;
es Franklin con el rayo entre las manos,
con la frente rodeada de centellas;
es Fulton que los mares
cruza atrevido del vapor en alas.

Es, en fin, el gigante,
el sublime Lesseps, que con arrojo,
como el Moisés antiguo,
tendió su mano a la ola del Mar Rojo;
y la ola en grato exceso,
llegándose a la playa blandamente,
en señal de homenaje le dio un beso;

después, con raudo giro,
revolviendo su líquido azulado,
que ostenta perlas, perlas a millares,
rasgando con pujanza el térreo istmo,
gritó con voz de trueno,
que se escuchó desde el confín heleno
hasta la ardiente zona de los trópicos:
"Te reconozco, arcángel del Progreso".

También la Libertad es tu divisa,
y trabajas y luchas, fuerte y bravo,
porque no haya en el mundo un solo esclavo,
y Hoffer te saluda, y Tell, Bolívar,
el coloso del Ande,
el sublime y el grande.
Libertad, Libertad, cuando te nombro
siento en mi pecho una emoción profunda:
todo mi ser se inunda
de divina poesía,
y palpita de gozo el alma mía.

¡Ay, pero ya a mi lira falta aliento
para seguir cantando,
y en las ondas del viento
suspiros mis acentos van dejando!
Salud, genio inmortal; salud, profeta,
a cuya voz sonora y prepotente
tiemblan los opresores en sus tronos.
La gran idea de tu justa fama
reverbera en mi mente
y con ardor mi corazón inflama....

Dejando la modestia a un lado, no quisiera dejar de mencionar la valiosa opinión de un brillante y distinguido intelectual nicaragüense, con un doctorado en Ciencias Políticas en Francia; perteneciente a la distinguida familia de alto linaje intelectual, los Tijerino o Tigerino, se trata nada menos que de Don Luis Alberto Cabrales Tijerino (Chinandega, Nicaragua; 1901-1974), distinguido amigo de mi padre y de mi familia materna, los Montealegre; de quien tengo el privilegio de atesorar algunos de sus libros, que fueron de historia nacional y literatura. Debo mencionar, para el motivo que origina la presente investigación, dos

Luis Alberto Cabrales

libros importantes para la historia de la literatura nicaragüense: *Curso de Historia de la Literatura Castellana de España y América* (1945, Editorial Atlántida) y *Provincialismo contra Rubén Darío* (1966), en donde ubica claramente la posición literaria de Rubén Darío y la de José Martí. Al primero, al igual que todos los entendidos en la materia, lo ubica como poeta; al segundo, coincidiendo con todas las obras españolas, lo ubica como orador y prosista. Por cierto, ambos son considerados brillantes en la especialidad de cada uno.

Comencemos con lo que dice en el segundo libro, de 1966, en sus inicios dice textualmente lo siguiente:

El individualismo hispánico, que en el plano de las naciones se convierte en provincialismo, desde en vida de Rubén Darío, después de su muerte, y hasta hoy, ya cercano el centenario de su nacimiento, no ha dejado de atacar, con piedra de honda o flecha de sagitario, tanto su poesía personal como el movimiento que le tocó iniciar y acaudillar dentro del ámbito de nuestra lengua: el Modernismo. Desde Honduras a España, casi no hay nación o provincia hispana de donde no haya saltado el crítico, o los aspirantes a crítico, que no se haya empeñado en oponer a su figura egregia, al cantor de todas las Españas, al "soñador imperial", algún poeta o algún grupo provinciano, en un intento de empequeñecerlo, de rebajar las proporciones de su genio y de su obra. En Honduras han lamentado que los historiadores de la literatura, con insistente frecuencia, omitan el nombre y los poemas de Juan Ramón Molina (Comayagüela, Honduras;1875-1908), "quien de no morir tan temprano, hubiéralo superado".

Lo mismo se ha comentado en la ciudad de Miami, en los programas radiales de corte farandulero para mantener engañada a la comunidad de la realidad que se vive en el Condado Miami-Dade, aislándolos de la realidad política y social que se vive en parte de los Estados Unidos de América, en la "capital del fraude"; en los que han comentado que José Martí de no haber muerto a temprana edad, también hubiese superado a Rubén Darío. Pero continuemos con la opinión valiosa de Don Luis Alberto Cabrales:

> En El Salvador se quejan de modo contínuo, y cada vez con más acrimonia, el apartamiento del nombre de Francisco Gavidia Guandique (San Miguel, El Salvador; 1863– 1955) , verdadero maestro de Darío, quien enseñóle el secreto del ritmo del alejandrino, semilla del Modernismo. Llaman a Gavidia el Boscán del nuevo Garcilaso, y han inventado "la Escuela de San Salvador", aún viviendo Gavidia, en las postrimerías de su larga senectud, y comprometiéndole a él mismo en senecta complicidad, contra "el nicaragüense aprovechado que con malas artes y finas intrigas, le arrebató una gloria que sólo a él competía", y no a "su discípulo abusivo".

Y así, sucesivamente, va mencionando a todos los excelentes poetas latinoamericanos que de alguna forma, la crítica, trató de enfrentarlos con la calidad literaria y el mérito que hoy reconocen en Rubén Darío, aún, poetas e intelectuales de la talla de Jorge Luis Borges y Octavio Paz. Esa mezquindad surgió igual en Latinoamérica como en España, en ésta, hubo escritos de Azorín que trató infructuosamente de desligar a los españoles que él mismo llamó la "generación del 98" (fecha en la que España pierde sus últimas colonias o posesiones como Cuba, Filipinas y Puerto Rico en las manos de los Estados Unidos de América) para negar la influencia que con los años y el pasar del tiempo, finalmente ellos tuvieron que aceptar y que hoy lo más selecto del intelecto español acoge con orgullo esa influencia y la revolución literaria encabezada por Rubén Darío. Y continúa diciendo Don Luis Alberto Cabrales que:

> Fue mucho tiempo después que, aprovechando las teorías alemanas de Julius Petersen (1912- ¿?), "*Las generaciones literarias*", 1945, sobre las condiciones que a su juicio debieran

reunirse para constituir una generación, Pedro Salinas (España; 1892-1951), el primero, de 1938 a 1940, escribe unos breves ensayos, publicados en libro bajo el título *"Literatura Española Siglo XX"*, en el que apunta ya el sentimiento provinciano. Declara que la Generación del 98 existe pero desligada y contraria al Modernismo. Que al respecto se ha hecho un confusionismo que él tratará de aclarar, basándose en la nomenclatura de Julius Petersen. De ahí en adelante hay escritores, sobre todo de epítomes de Historia de la Literatura para jóvenes de Secundaria, que lo

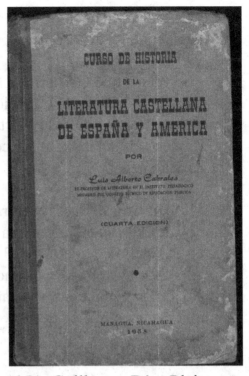

siguen al pie de la letra, hasta que, en 1951, Guillermo Díaz Plaja (España; Mayo 24, 1909-Julio 27, 1984) en su libro *"Modernismo frente a Noventa y Ocho"*, ahonda más la diferenciación entre Modernismo y 98, refutando a Salinas y seguidores, y dando el primitivo tinte provinciano un intenso color negro, negrísimo.

Pedro Salinas se diferencia de Guillermo Díaz Plaja en que aquél admite comunidad de lenguaje literario en Modernistas y del 98. Dice: "Precisamente en ese momento, cuando ninguno de los del 98 había resuelto ese problema del nuevo estilo, llegó a España el poeta nicaragüense Rubén Darío, consagrado ya en América como inventor de una lengua literaria novísima: el modernismo... Rubén Darío, en varios pasajes de sus obras, se jacta, no sin razón, de la influencia en el nuevo rumbo que tomaron las letras españolas. En efecto, ¿por qué no habían de aceptar los hombres del 98 el nuevo idioma poético, como lenguaje de su generación?". Guillermo Díaz Plaja lo niega alegando que hay poetas españoles que antes de Darío han iniciado ese lenguaje. Esos poetas son: Eusebio Blasco, con "Soledades", (1878); Manuel Reina, con "Cromos y Acuarelas" (1878); Rosalía de Castro, con "En las orillas del Sar" (1885); Ricardo Gil, con "De los quince a los treinta" (1885); Salvador Rueda, con "Noventa estrofas (1883). Textualmente dice: "Es, pues, evidente que Rubén Darío encontró iniciada una reforma análoga a la que se estaba fraguando en su mente".

Qué ceguera decir eso sobre quien ya había publicado "Azul....", "Los Raros" y "Prosas Profanas"!

Los versos que Guillermo Díaz Plaja cita de los autores mencionados son parecidos a los de José Martí, citados por Ríoseco, y de los que ya conocemos su calidad negativa.

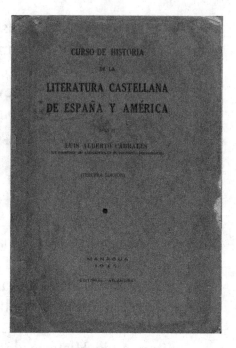

En su "Historia de la Literatura", Don Luis Alberto Cabrales hace referencia en la página 221, en el Apéndice que titula "La oratoria en el Siglo XX y en los últimos tiempos", menciona que pudieran citarse muchos nombres notables, y dice que:

En la oratoria académica pudieran citarse muchos nombres notables, pero la brevedad obligada de este curso exige que sólo citemos los nombres cumbres: Menéndez y Pelayo y Juan Valera, en España; Miguel Antonio Caro y Zorrilla de San Martín, en América.

En la oratoria política o parlamentaria el número de nombres es más grande todavía, con el agravante de que cada uno de ellos tiene dentro de su respectivo país gran nombradía. En general, cada orador tiene una importancia que está delimitada por la frontera de su país, sobre todo en razón de los asuntos y temas, la mayor parte del tiempo solamente interesantes para la época y para el país en que se pronunciaron. A este respecto la oratoria parlamentaria y política, participa en algo de lo transitorio del género periodístico. Pero hay oradores que por su talento o su genio, o por los temas trascendentales que desarrollaron, traspasan las fronteras de la patria y del tiempo. El número de éstos en nuestra lengua es muy corto, y aquí solo estudiaremos a cuatro: Donoso Cortés, Juan Vázquez de Mella, Emilio Castelar y José Martí.

En cuanto al juicio sobre la obra y calidad de orador de José Martí, dicen dos críticos de su obra lo siguiente:

"Orador lo es en toda la plenitud de su concepto. Su oratoria es cálida, conmovedora, cargada de ideas, poblada de imágenes. Martí sabe siempre colorear de vida sentimental sus más abstractos pensamientos. Su fantasía se desborda a menudo en un lirismo evocador y fulgurante. Hay más vibrante sentimiento poético, más reverberación lírica en su prosa plena de colores y de imágenes, que en muchos de sus versos." (F. García Godoy).

"Las excelencias de su prosa quedan cuajadas de intento en su periodo tribunicio. El dinamismo que le sube de la entraña encendida da una marcha sobresaltada y ágil que roba pesantez al párrafo circunstanciado y largo. La imagen impensada y vívida no es un modo deliberado de iluminar el concepto sino encaje natural de una soberana capacidad expresiva. La sintaxis muestra una arbitrariedad hecha del ímpetu alegre de la lengua que conoce sus senderos y los bordes sin perderlos de vista. El verbo es atrevido y mañero, augusto y candoroso, familiar y austero. El adjetivo, de justeza asombradora, revitaliza y da ala nueva al nombre. Las sentencias se encadenan apretadas, con apariencia desorientada, pero todos empujan por su lado el final grandioso." (Juan Marinello).

En la introducción de un libro sumamente interesante, titulado *"Rubén Darío en Chile* (1927), escrito por Armando Donoso (1887-1946) y que en la introducción expresa conceptos que confirman lo que Don Luis Alberto Cabrales afirma en su libro ya mencionado. Esta es, pues, la opinión desinteresada de un brillante crítico literario chileno, autor de muchos libros y que dice textualmente lo siguiente:

Con razón podría decir André Gide que Dada fue el diluvio tras el cual todo ha vuelto a comenzar. Hay, en verdad, un nuevo estado de la sensibilidad y un nuevo estado de conciencia en el arte, que presenta como vértice de un cambio total el fin de la guerra europea, cintura del reloj de arena que señala una terminación y marca el comienzo de un renacimiento. Ni en los días del simbolismo la negación ha sido más radical: un poeta de hoy no concibe la lectura del que lo ha precedido en su generación, de tal modo se ha operado sustancialmente un cambio definitivo en la ideología, en el concepto, en la forma. El más audaz de ayer, valga el caso de Rubén Darío, no pasa de ser más que un adocenado de la actualidad, en cuya prosodia apenas si se reconocen virtudes de lirismo inferior. Ya, al morir el autor de "Prosas Profanas", Ramón Pérez de Ayala (n. Oviedo, España, 1881, Doctor en Derecho) lamentaba solamente en su muerte la extinción de una voz armoniosa, de un virtuoso del agradable decir y nada más, regateándole lo que hoy tampoco puede alabar en las novelas de James Joyce.

Y es que, en el actual concepto del arte, fundado en razones profundas de libre expansión de la personalidad, es preciso sentir ya el cambio radical que se ha operado: antes del año catorce hubo una modalidad, musical y descriptiva, que ha envejecido repentinamente en el lirismo y en la novela. La literatura de hace quince años se nos antoja hoy más caduca que la de tres siglos atrás. La renovación literaria finisecular que en España fue muy lenta, encuentra su eco inmediato en América: mientras el simbolismo está en su hora meridiana en Francia, repercute su influencia en Buenos Aires, casi dos lustros antes que aparezca en Madrid. Cuando Rubén Darío, Leopoldo Lugones y Jaimes Freire riñen sus primeras campañas (Verlaine, Laforgue, Leconte de Lisle), no apuntan aún Juan Ramón Jiménez, Valle Inclán, Antonio Machado.

Simple eco de Francia aquel despertar apolíneo, con todo el ascendiente vivo de Verlaine o Banville (¿no señalaba hasta la saciedad, en libro actual, el prolijo Erwin K. Mapes, toda la extensión y el peso de su influencia?), rebrotó en España durante el primer viaje de Rubén Darío a Madrid. Las revistas y los libros iniciales de arte moderno son de esa época, que en lo lírico justifica el movimiento del noventa y ocho: detrás de Unamuno y de Pío Baroja (n. 1872, España) llegan Valle Inclán, Juan Ramón Jiménez, los hermanos Antonio y Manuel Machado, Ramón Pérez de Ayala. Y claro está, ese movimiento que comenzó acentuando un rubendariismo formal, terminó por convertirse en una reacción contra la palabra armoniosa y el verso enjoyado.

De esos veinte años de cesarismo artístico, que dieron por resultado un movimiento literario de completa liberación, sólo queda el recuerdo armonioso de algunos nombres y el eco vago de veinte o treinta libros que poco se leen. Sin embargo, sería injusto hacer tabla rasa de cuanto representa para la literatura americana aquel renacimiento que, si tuvo sus precursores, **reconoció la dictadura de Rubén Darío como el romanticismo francés había acatado la de Víctor Hugo**. De él procede un aspecto interesante de la escritura artística y de él las mejores innovaciones líricas, que tantos repiten negando su procedencia.

Recordar la historia de los comienzos de esta vida, es evocar uno de los períodos más interesantes en el desenvolvimiento literario de América y supone y reconoce también, aunque lo nieguen o no lo acepten, (hagamos la debida y honrosa excepción de Valle Inclán, mientras Juan Ramón Jiménez olvida con horror la primavera de sus "Jardines Lejanos"), de cómo España fue hacia Francia por el puente que le tendieron "Prosas Profanas" y "Los Raros".

Para finalizar, lo más curioso de todo: siendo Martí hijo de españoles, nacido en una posesión del imperio español, la última, y aunque es desde todo punto de vista, real y jurídicamente un súbdito de la corona, es considerado cubano por los españoles; en cambio, siendo Rubén nicaragüense, puesto que España reconoce definitivamente la independencia de Nicaragua en 1850 y el poeta nace en 1867, los españoles lo consideran de ellos, es decir, español, y, además, lo estudian dentro, y como perteneciente a la generación del 98 (Azorín, Angel Ganivet, Unamuno, Valle Inclán y Antonio Machado) de los poetas españoles. Y lo curioso, hasta lo quisieron nacionalizar español para que se quedara definitivamente en España. Pienso que Martí, si viviera, se sentiría incómodo al verse enfrentado a su hermano en las letras. Me da la impresión de que los motivos que mueven a don Luis Gómez y Amador a supeditar las calidades del poeta nicaragüense a las virtudes de Martí, están altamente influenciados por las teorías del francés Joseph Arthur Conde de Gobineau (1816-1882).

Finalmente deseo citar lo expuesto por el cubano, Poeta Nacional de Cuba, **Nicolás Guillén**, al responder una pregunta acerca de la influencia en "Motivos de Son":

"¿Quién no las tiene? Hay que ser bastante estúpido para pensar que salimos de la nada. No recuerdo quién, pero sé que se ha dicho que en el arte como en la vida siempre somos padres e hijos de alguien. La influencia más señalada en los "Motivos de Son" (al menos para mí) es la del **Sexteto Habanero** y el **Trío Matamoros**. Recuerde que luego fueron personajes de mis poemas "La mujer de Antonio" y "Papá Montero" y hasta un tomito de guarachas cubanas, cuya primera edición es del ochentitantos. El problema importante no es recibir una influencia; lo importante es transformarla en sustancia propia, en elemento personal, en manera característica de creación. ¿Usted no recuerda a Valéry? El león está hecho de cordero digerido. ¡Hay que digerir el cordero, que a veces es otro león!".

José Martí

Influjo Arábigo en Rubén Darío
(Ensayo Preliminar)
Por Róger A. Zogaib Manzur

(Conferencia leída por su autor, Dr. Róger A. Zogaib Manzur, en la session solemne con que el Instituto Hispano-Americano-Árabe conmemoró el 43 aniversario de la muerte del eximio poeta Rubén Darío, la noche del 27 de Febrero en los salones del Centro Árabe).

La belleza y fantasía, obsession constant en los poetas árabes encendieron con reflejos de gloria la fecunda imaginación de nuestro inmortal bardo Rubén Darío. Hubieran sido mis fervientes deseos hacer una exposición más extensa de cómo, nuestro máximo poeta, desde su infancia recibió y reflejó los soplos mágicos de la literature arábiga; pero, debido a las circunstancias me limitaré únicamente a los rasgos sobresalientes.

Para quien haya auscultado el ritmo de la cultura arábiga no es sorpresa encontrar huellas de ella en Darío. Ya antes, en mi libro inédito "Historia de la literature árabe de Andalucía", he puesto de relieve hechos similares en poetas europeos ¿y por qué no lo haría con él quien nutrióse tanto de sus obras literarias? Tal influjo o huellas han pasado mucho tiempo inadvertidas —como pasan ciertas cosas en el mundo— fenómeno de difícil explicación a pesar de ser claramente manifiesto dentro de su cosmopolitismo cultural.

Su primer contacto con lo arábigo lo explica en su autobiografía de la manera siguiente:

> "En cuanto a mi imaginación y mi sentido poético, se encantaba con la vision de mi prima, que aún usaba el traje corto; con la cigarrera Manuela, que manipulando sus tabacos me contaba los cuentos del príncipe Kamaralzamán y de la princesa Badura, del Caballo Volante, de los genios orientales. De las invenciones maravillosas de La Mil y una Noches…"

Desde niño, pues, su sentido exótico lo despiertan con cuentos arábigos, cuentos que se reflejan en toda su obra literaria, como veremos más adelante.

Este contacto culminó con otro de mayor magnitud; y es el que tuvo durante su permanencia en la Biblioteca Nacional de Managua, donde adquirió conocimientos perdurables con los clásicos españoles como Berceo, Hita, Gracián, Góngora y Zorrilla, todos ellos de bien claras huellas arábigas. Allí también, se familiarize con autores franceses de reconocido exotismo oriental, como Hugo, Lamartine, Leconte de Lisle, etc., quienes afianzaron mejor sus pasos en el sendero ya trazado por él.

Pero el contacto directo y decisive lo tuvo en su recorrido por España, donde comprendió mejor los alcances de la cultura legada por el fantástico genio creador de los árabes. Y de su acercamiento a la Generación del 98 podría haber recibido otro estímulo para su inquieto espíritu exótico.

Estoy seguro de que Rubén, vivió las impresiones captadas —directa o indirectamente— del fantástico y atrayente mundo de los árabes. Él mismo corrobora esta aseveración con los siguientes versos de su "Soneto de Trece Versos", así:

> Por lamentar a mi conciencia
> quedó de un sonoro marfil
> un cuento que fue de las Mil
> y una Noches de mi existencia….

Su personalidad llega a identificarse a veces con la de ciertos poetas árabes. Rubén, como ellos ha sido presa del alcohol, de erotismo, de paraísos artificiales. Rubén se ha mofado también de los preceptos religiosos y se ha arrepentido antes de morir. Tuvo obsesión, al igual de muchos poetas árabes, por lo lejano, lo caro, lo difícil, lo exquisite. Rubén, como ellos, sufrió la incomprensión del mundo, y no se dejó desanimar en alcanzar la Gloria cantando con primor. Nos dice:

> Y el mundo a carcajadas se burla del poeta
> y le apellida loco, demente, soñador
>
> !Prosigue por el mundo llorando tus dolencias
> hasta mirar tu nombre tan alto como el cielo,
> hasta mirar tu frente ceñida de laurel!
>
> (Sollosos del Laúd)

Qué parecido tan grande, lo del poema anterior, con uno de **Ben Baqui**, poeta Andaluz del siglo XII, que dice:

> …para que lleven mis versos por el valle
> de las acacias o por el valle del Espliego.
>
> Las rimas de la poesía lloran a todo llorar

por un árabe perdido entre los barbarous.
(Traducción de García Gómez)

Darío, como sus colegas árabes, incita a gozar la vida por todos los medios cuando dice:

Gozad de la carne, ese bien
que hoy nos hechiza,
y después se tornará en
polvo y ceniza

Encontramos una sorprendente similitud entre Darío y el poeta árabe libanés, **Tamer Mulat**, frente al concepto de la juventud que se "va para no volver". De ningún modo quiero decir que hubo copia o cosa semejante, no. Sólo quiero referirme a una casual coincidencia con afinidad de conceptos entre dos poetas que respondieron a un mismo influjo ancestral, viviendo tan distantes y lejanos. En la "Canción de Otoño en Primavera" dice Rubén:

Juventud, divino tesoro,
!ya te vas para no volver!
Cuando quiero llorar no lloro
y a veces lloro sin querer.

Oigamos, ahora, al poeta libanés Mulat en "Vida en la poesía"; según traducción literal mía:

Me anega el llanto sin querer,
y cuando quiero llorar no lloro;
callar mi reír trato sin poder,
y a veces, al desearlo, la risa imploro.

En su magnífico poema "La Cabeza del Rawí" notamos desde un principio: que el Rey se enferma de amor, y en vista de que su medico le aconseja el matrimonio como única curación, él escoge por compañera a la joven más bella de su reino que resulta ser la novia pretendida por el Rawí Balzarad. Como el Rey notare la falta de afecto y cariño de su amada esposa la interroga y es entonces que se da cuenta que ama a Balzarad, y aún más, que ella está dispuesta a seguirlo amando; pues siente que así se lo manda el destino. El Destino que los árabes obedecen ciegamente. Al final el Rey confundido y contrariado se decide por la venganza y él envía como presente la cabeza del infortunado Rawí.

En otro cuento —tallado también en el molde oriental— intitulado "Alí", Rubén nos relata con sorprendente realismo mucho de lo que sabe del genio oriental. Los 660 versos de que consta dicho cuento, encierran el relato del rapto de la hija del Bajá —llamada Zela— por el negro Alí. El padre persigue a la pareja enamorada por el desierto y termina muriendo, no sin lanzar una maldición que se realiza con el suicidio de Alí y Zela. La maldición del anciano es una sentencia. Dicha sentencia por su significación oriental —y solamente oriental— merece ser incluida en este trabajo, ya que los demás conceptos vertidos serán objeto de otro studio.

Dice la sentencia:
           !Gran profeta! Sabio Alá,
        que eternamente has vivido;
        que conoces lo que ha sido,
           lo que es y lo que será:
           la maldición del Bajá
        fue causa del cruel dolor;
        porque escrito está, Señor,
        que si maldice el anciano,
           cuando levante la mano
           lanza el rayo vengador.

Los cuentos orientales son gustados por Rubén quien confiesa en los siguientes versos conocer muchos de ellos:

           Dime tú; ¿de cuáles quieres?
        Dicen gentes muy formales
           que los cuentos orientales
           les gustan a la mujeres.
        Así, pues, si éstos prefieres,
           verás colmado tu afán…

           (Dedicado a Emelina)

Y del alma oriental de Darío es el cuento de una princesa que pierde el habla por obsesión de ver a los Reyes Magos, a Tomás el apóstol, a Lázaro el resucitado. Creyendo el soberano que se trata de una enfermedad del Amor, hace desfilar ante ella a los pretendientes que describe Rubén así:

"Y a poco fueron llegando, primeramente un príncipe de la China en un palanquin que venía por el aire y que tenía la forma de un pavo real, de modo que la cola pintada naturalmente con todos los colores del arco iris servíale de dosel incomparable, sobre todo de unos espíritus que llaman genios —a esos genios refiere frecuentemente la literatura árabe antigua— y despúes un príncipe de Mesopotamia, de gallardísima presencia, con ricos vestidos, y conducido en un carro lleno de piedras preciosas, con diamantes, rubíes, esmeraldas, crisoberilos, y la piedra peregrine y brillante dicha carbuncle…"

Son reflejos de Mil y una Noches los siguientes versos que tomó del poema "La Hembra del Pavo Real":

La desnuda estaba divina,
salomónica y oriental:
era joya diamantina
la hembra del pavo real.

Los brazos eran dos poemas
ilustrados de ricas gemas.
Y no hay un verso que concentre
el trigo y albor de palomas,
y lirios y perlas y aromas
que había en los senos y el vientre.

Orientalismo miliunanochesco encontramos también en estos versos de "Margarita está linda la Mar":

Este era un rey que tenía
un palacio de diamantes,
una tienda hecha del día
y un rebaño de elefantes.

Un kiosko de malaquita,
un gran manto de tisú,
y una gentil princesita,
tan bonita,
Margarita,
tan bonita como tú.

Sobre el panorama árabe encontramos en "Serenata a Mercedes Zavala" (Mercedes Barberena Marenco, m. 1883, esposa del Gral. Joquín Zavala Solís, ex Presidente de Nicaragua) una exposición tan complete como sobria. Aquí la brillantez y el realism hermanan con la perfección del colorido oriental y su aromatic exotismo. He aquí parte de dicho poema:

Señora: Allá en la tierra del sandal y la goma,
bajo el hermoso cielo de Arabia la Oriental,
do bullen embriagantes la mirra y el aroma,
y lucen sus colores la perla y el coral;

allá donde entre velos flotantes de oro y seda,
en el harem fascina la esclava encantadora,
mientras amantes quejas en blando són remeda
en manos de rawíes la tierna guzla mora,

ofrecen los cantors al dar su serenata,
en medio de sus notas etéreas y vibrantes,
del dátil la dulzura, del loto la escarlata,
carbuncles y zafiros, rubies y diamantes.

Y brindan de las palmas el quejumbroso ruido,
y flores de granado, y el búcaro gentil,
y todos los acentos y el mágico sonido
que brota de sus cuerdas bandurria de marfil.

En cuanto a la forma, podemos afirmar que el estilo rubeniano es muy personal. A pesar de ello encontramos a veces tendencias arábigo-rubenianas afines. Es en el sentido musical del poema en donde están más de acuerdo, llegando a veces hasta la exageración. Dice Rubén:

"…he querido ir hacia el porvenir, siempre bajo el divino
imperio de la música, música de las ideas, música del verbo".

En ambos, encontramos también, una tendencia acentuada hacia la repetición como para darle vigor al ritmo. Tomemos de Rubén el siguiente ejemplo:

!Oh sor María, oh sor María, oh sor María!

Y este otro:

!Divina estación! !Divina
estación! Sonríe el alba
más dulcemente…
(Por el influjo de la primavera)

Y otro más tomado de "Los cisnes":

…Y un cisne negro dijo: "La noche anuncia al Día".
Y uno blanco: "!La Aurora es inmortal! !La Aurora
es inmortal!"…

De la literature arábiga tomaremos solamente la siguiente referencia que traduce García Gómez de **Ben Zamrak,** poeta fallecido quinientos años antes de Darío:

!Oh hijo del imam, hijo del imam, hijo del imam,
hijo del imam: dinastía cuya gloria no se oculta

Y Rubén, para dar mayor parecido arábigo a ciertos poemas, trata de usar palabras árabes en vez de sus equivalents en idioma castellano. Doy como muestra las siguientes: Rawí, Gumía, Mihra, Guzla, Hurí, Tahalí, Alcatifa, Hastchich, Kasida, Alá, etc.; etc.

Referente al arabismo de Rubén es notable su simpatía, su admiración, su defense y su lament que presenta por los árabes. De su viaje por Granada la mora —año 1904— extractamos el siguiente gesto de simpatía:

"Yo he gustado ese sabor de Arabia desde que penetré por entre la doble fila de cipreses y entré por la baja y ancha puerta del Generalife. Buenos genios me amparaban en mi paseo solitario…."

Ya en Córdoba —misma fecha— a la entrada de su imponente Mezquita, nos da una muestra más de simpatía por lo islámico con la siguiente alocución:

"Aunque hay en la parte de intrusa construcción española muy notables trabajos, como el coro, el visitante no tiene pensamientos más que para los islamitas, que sabían edificar tan bellas moradas de oración. Al entrar, da deseos de cambiar los zapatos por un par de babuchas, y murmurar que "solo Dios es Grande".

Para él, el tipo de mujer a quien se podría comparer la nicaragüense es la mujer arábigoandaluza. Dice:

"Es, y ya he hecho observer en otra parte, una especie de languidez arábiga, nonchalance criolla unida a una natural elegancia y soltura en el movimiento y el andar".

Además de simpatía, manifiesta admiración cuando dice:

"Aquí encuentro que había Justicia; más allá, que había Salud; más allá, que había Belleza; más allá, que había Placer. Eran sabios aquellos hombres de turbante, eran buenos, eran Fuertes y eran artistas".

Después de admiración y de simpatía para aquellos hombres de gran cultura, lamenta la suerte de ellos y los defiende con palabras tan Fuertes como estas:

"...que he lamentado una vez más la atroz expulsion de los moros, de aquellos moros cultos, sabios poetas, con industrias hermosas y pueblo sin miserias..."

Lamenta más todavía la transformación y destrucción de sus obras de artes, así:

"...y que uní mi voz a las miles que han lamentado la vandálica religiosidad de los católicos que creyeron preciso demoler obras de arte y afear el recinto de Alah para adorer major a Jesucristo".

Y, al salir de Granada, exclama su pesar con tan Hondas palabras como estas:
"He dejado Granada con pena...Es uno de los pocos lugares de la tierra en que uno querría permanecer, si no fuese que el espíritu tiende adelante, siempre más adelante, si es possible fuera del mundo. Y al dejarlo, han venido a mi memorial as estrofas de una romanza que en mi niñez oía cantar:

Aben Amet, al partir de Granada,
su corazón desgarrado sintió,
y allá en la vega, al perderla de vista,
con débil voz su lament expresó.

Estoy casi seguro, que si no fuera por las álgidas circunstancias en que se debatía Europa, enfrentándose a las amenazas de la Primera Guerra Mundial; si no fuera también por los quebrantos de su salud, nuestro gran poeta hubiera colmado uno de sus más caros anhelos, visitor los lugares del Oriente que él con tanta maestría describiera y donde encontrara una de las musas inspiradoras de su fecunda fantasia.

(Publicado en la Revista "Raza y Espíritu", Año I, No.4, Marzo- Abril-Mayo, 1959, Managua, Nicaragua)

Breves datos biográficos: El Dr. Róger A. Zogaib Manzur, estudió medicina en la Universidad Nacional Autónoma de Nicaragua, en la ciudad de León, Nicaragua; posteriormente realizó estudios en México, en donde conoció a la joven Elena Hachkar, con quien contrajo matrimonio. Los padres del Dr. Róger Zogaib fueron el Ingeniero y Arquitecto Don Assad K. Zogaib Musalem y Doña Isabel Manzur Scaff. El Dr. Róger A. Zogaib y su esposa Elena Hachkar procrearon cuatro hijas: Socorro Andrea, Camelia Elena, Elena y Marta Lorena Zogaib Hachkar, ésta última es una destacada científica físico-núclear en México. La familia Zogaib fue fundada en Nicaragua por el Ing. Assad Khalil Zogaib Musalem, quien se desempeñó como Cónsul Vitalicio del Líbano y representó con igual rango a Siria y Palestina.

Nascuntur poetae, fiunt oratores. (Se nace poeta; se hace orador. En el poeta hay genio; en el orador hay oficio. El poeta nace; el orador se hace)

Apéndice
Notas y Biografías Breves

1.- Guillermo de Torre

Nació en el año 1900, en la ciudad de Madrid, España. Crítico literario español. Fue unos de los impulsores del ultraísmo. Después de la publicación de los poemas ultraístas *Hélices* (1923), se orientó definitivamente al cultivo del ensayo literario, donde destacó como comentador del fenómeno estético vanguardista. Desde muy joven inició su carrera de escritor. Ramón Gómez de la Serna (Madrid, n. 1888-) en su libro *Pombo* (1918), lo consideraba "un muchachito inteligente y delirante". En 1918 conoció a Vicente Hidobro y a los Dealunay; con el primero las relaciones se agriarían después. Se licenció en Derecho, pero no pudo iniciar una carrera diplomática a causa de su
sordera. Viajó por Europa y entró en contacto con las Vanguardias históricas. Firmó el manifiesto del Ultraísmo en 1919 y colaboró en el poema automático colectivo enviado por Jorge Luis Borges a Tristan Tzara también en ese año.

Es uno de los mejores y más finos críticos literarios. Por sus páginas, tanto en libro sólido como en el artículo periodístico, que él escribe con auténtica exigencia y rigor, danzan al unísono la erudición y la doctrina estética. El libro "Vigencia de Rubén Darío y otras páginas", consagrado al poeta nicaragüense, y a un grupo de escritores españoles e hispanoamericanos, lo manifiesta hasta la

saciedad. En él existen páginas, como las dedicadas a Jacinto Benavente, Ramón María del Valle-Inclán y Enrique Rodó, a la "miseria de los poetas y esplendor de la poesía", que significan todo un manual de interpretación estética de la literatura. Escribió más de treinta libros de ensayos, poesía, crítica literaria, historia del arte y literaria. Su último poema publicado fue "Balneario", en El Estudiante, 1926. Sus últimos libros son *Minorías y masas en la cultura y el arte contemporáneo* (1963), *Al pie de las letras* (1967), *La metamorfósis de Proteo* (1967), *Nuevas direcciones de la crítica literaria* (1970), y la recopilación *Doctrina y crítica literaria* (1970), acreditan lo ponderado, lo selecto, lo sereno de un crítico literario, que a su panorama universal de la erudición al día, junta la sensibilidad del poeta que siempre lleva dentro. Falleció en Buenos Aires, Argentina, el 14 de Enero de 1971.

2.- Alfonso Argüello Argüello

Nació en la ciudad colonial la bella, histórica y distinguida León Santiago de los Caballeros, conocida popularmente como León simplemente, en el Departamento de León, Nicaragua, un 13 de Marzo de 1934. Estudió en el Colegio La Salle, en el Colegio Calasanz y en Saint Honoré d'Eylau en París. Doctor en Derecho de la Universidad Nacional Autónoma de Nicaragua (UNAN). Sobresaliente criminalista de repetidos éxitos en el foro nacional, habiendo participado en famosos procesos de los últimos años, como el caso

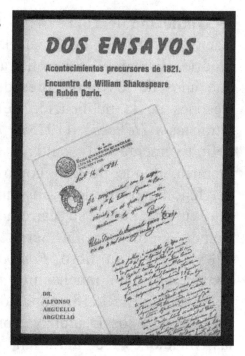

Candia; orador y articulista de nota, fustigó siempre a la dictadura del General Anastasio Somoza García y sus hijos, y luchó contra la injusticia. Fue profesor de Francés, Cívica, Sociología e Historia; también fue catedrático de Historia de la Cultura en la Universidad Nacional Autónoma de Nicaragua; ex presidente del Consejo Departamental de la Cruz Roja de León y de la Asociación de Antiguos Alumnos del Colegio Calasanz; primer administrador y director del proyecto de excavaciones de León Viejo, siendo declarado Hijo Distinguido de León en 1973 por esos trabajos de excavaciones arqueológicas. Además de numerosos poemas publicados en diarios y revistas, otros inéditos, es autor de varias obras: Intervencionismo y no intervención (1961); Historia de León Viejo (1969); Jurisprudencia en los Juicios de Amparo; Poemas; La Corte de Justicia Centroamericana, entre otros.

3.- Ermilio Abreu Gómez

Nació en Mérida, Yucatán, Septiembre 18, 1894, y fallece en Ciudad México, 1971. Escritor, profesor y crítico literario. Inauguró los estudios neocolonialistas desde su profundo interés por el período prehispánico. Fruto de esa fascinación es su obra principal, *Canek* (1947), que recibe su título de Jacinto Canek, personaje que en 1761 dirigió una rebelión contra los españoles. Enamorado de los temas y leyendas de su país, México, desde una perspectiva nacionalista, escribió *El Corcovado* (1924), *Quetzalcóatl, sueño y vigilia* (1947), *Martín Luis Guzmán* (1947), obra sobre la vida de un escritor y revolucionario mejicano contemporáneo y *La vida del venerable*

siervo de Dios, Gregorio López. Asimismo
es autor de una autobiografía novelada, de
cuentos infantiles y de diversos estudios
literarios sobre sor Juana Inés de la Cruz,
Ruíz de Alarcón y el Quijote. Durante los
años 1947 a 1960 vivió en Washington,
D.C., y durante este período le ofrecieron un
cargo en la División de Filosofía y Letras de
la Unión Panamericana. Como catedrático
también se desempeñó en Estados Unidos
dentro de la Universidad de Illinois y en el
Colegio Middlebury, Vermont. En México
fue catedrático de la Universidad Nacional

Autónoma de México (UNAM). A partir del año de 1962 fue miembro de la
Academia de la Lengua. Su obra dramática corresponde al teatro sintético,
en el que las piezas, siempre en un acto, abordan temas de tipo costumbrista.
De este modo escribió "La Montaña", que fue estrenada en 1918 en la
ciudad de Mérida y de 1925 data la obra "El cacique" en Ciudad México.
También escribió una leyenda maya llamada "La Xtabay" con la cual
participó en el teatro del murciélago. Entre su haber también se cuentan
algunos libros relacionados con la enseñanza de la literatura y la lengua,
motivado por su desempeño como catedrático en varios colegios y
universidades. El interés que despertó en él la vida y la obra de Sor Juana
Inés de la Cruz, se convirtió en la pasión de su vida. Su edición crítica a las
obras de la monja jerónima significaron el redescubrimiento de su obra para
la literatura mexicana. Octavio Paz escribió sobre Ermilio Abreu Gómez en
su libro *Cuadrivio* (1965), Editorial Joaquín Mortiz.

Dueño de un amplio caudal literario, el autor murió en Ciudad México en el
año 1971.

4.- Antonio Oliver Belmás
Nació en Enero 29, 1903, en la ciudad portuaria de
Cartagena. Rodeado de un ambiente familiar
intelectual llega a la adolescencia rodeado de
lecturas de Juan Ramón Jiménez, Rubén Darío y la
prosa propia de los autores de la "Generación del
98", una prosa que combate la falta de voluntad y
la sordidez de la indiferencia ante la que el hombre
sucumbe con demasiada frecuencia. Durante su
breve estancia en Madrid, 1924, conoce a Juan

Ramón Jiménez. De aquel encuentro del poeta de Moguer y de José Bergamín (n.1897), nacería su proyecto de editar una revista mensual literaria, para la que pide las colaboraciones de los poetas del momento: Juan Guerrero, Pedro Perdomo Acedo y José María de Cossio. Su actividad crítica y literaria se extendería a diversos diarios y revistas literarias nacionales e internacionales.

Poeta, autor de "*Mástil*" (1927), "*Tiempo cenital*", "*Elegía a Gabriel Miró*" (1935), "*Libro de Loas*" (1947) y de una elegía al torero "*Manolete*". Ha cultivado también el ensayo bajo el seudónimo "Andrés Caballero" en "*De Cervantes a la poesía*" (1944). Contrajo matrimonio con la escritora Carmen Conde, a quien conoció en Febrero de 1927. Con su esposa fundó la Universidad Popular de Cartagena. Desligada de cualquier partidismo y de asistencia gratuita, esta Universidad iría dirigida a instruir a los adultos de la clase proletaria, llevando a la realidad una amplia labor cultural. Al comenzar la Guerra Civil, el 18 de Julio de 1936, Antonio Oliver Belmás es destinado al frente sur de Andalucía, donde presta diferentes servicios profesionales en gabinetes telegráficos dirigiendo la emisora de radio. Terminó su licenciatura en Filosofía y Letras en 1947, y un doctorado con Premio Extraordinario por la Universidad de Madrid en 1954, compaginando su vocación poética con labores de docencia e investigación. De su investigación sobre autores hispanoamericanos nacería su interés por llegar a conocer a Francisca Sánchez del Pozo, última mujer de Rubén Darío, y a catalogar y clasificar los documentos del poeta nicaragüense, logrando con ello un extraordinario rescate bibliográfico de Rubén Darío a la luz de los nuevos documentos, por lo que se le concederá el Premio "Aedos" de Biografía con su libro *Este otro Rubén Darío* (1960), con prólogo de Francisco Maldonado de Guevara, catedrático de Literatura Española de la Universidad de Madrid. Recibió un Doctor Honoris Causa por parte de la Universidad Nacional Autónoma de Nicaragua.

5.- Guillermo Díaz-Plaja

Nació en 1909, Manresa. Catedrático de Literatura de Instituto, autor de obras didácticas, relacionadas con la asignatura que enseña, y poeta. Sus obras están contenidas en: *Primer cuaderno de sonetos* (1941), *Intimidad, poesía*(1946) y otros. Sus libros más importantes pertenecen al campo de la investigación histórico-literaria y al ensayismo, y merece destacarse. Esos libros son los siguientes: *El arte de quedarse solo y otros ensayos*(1936), *Rubén Darío* (1930), *Introducción al estudio del romanticismo español* que fue galardonado con el Primer Premio Nacional de Literatura (1936), *La poesía lírica española* (1937), y *El espíritu del barroco* (1940). Hombre de extraordinaria fecundidad, dirige la *Historia de la Literatura Hispánica* (Barcelona, 1950 en varios volúmenes). También ha publicado una colección de estudios *Poesía y Realidad* (1952), el agudo análisis *Modernismo frente a Noventa y Ocho* (1951). Se ha distinguido también como conferenciante en Europa y América.

Guillermo Díaz-Plaja

6.- y 7.- Enrique Anderson Imbert

Nació en Córdoba, Argentina, en Febrero 12, 1910 y falleció en Buenos Aires en Diciembre 6, 2000. Desde los cuatro años de edad vivió en Buenos Aires y desde los ocho en La Plata. Estudió en el Colegio Nacional de esa ciudad, y luego en la Universidad de Buenos Aires, a la que ingresó a los 18 años. A los 16 años de edad ya había descubierto su vocación literaria. El joven Anderson comenzó a publicar artículos en la revista literaria del diario bonaerense La Nación y llegó a ser director de la página literaria del periódico La Vanguardia. También colaboró en "Nosotros" y "Sur". Fue alumno de Pedro Henríquez Ureña en filología y de Alejandro Korn en filosofía. En 1930, comenzó a enseñar en la Universidad Nacional de Cuyo, y posteriormente, hasta 1947, en la Universidad Nacional de Tucumán. Al mismo tiempo, era editor de la sección literaria del periódico "La Vanguardia" de Buenos Aires. Destituido de su cátedra en Tucumán con el advenimiento del gobierno de Juan Domingo Perón, se dirigió a los Estados Unidos de América con una beca de la Universidad de Columbia. El mismo año 1947 comenzó a enseñar en la Universidad de Michigan, donde permanecería hasta 1965. En ese año fue designado por Víctor S. Thomas como Professor de Literatura Hispánica en la Universidad de Harvard, cargo que mantendría hasta su jubilación en 1980. Fue elegido miembro de la Academia Argentina de Letras en 1979. Ya retirado de la actividad docente, Enrique Anderson Imbert continuó con su pasión por la escritura, incursionando en los géneros más diversos. Todos los años regresaba durante unos meses a Buenos Aires, donde falleció el 6 de Diciembre de 2000. En su lecho de muerte

Enrique Anderson Imbert

LA ORIGINALIDAD DE RUBEN DARIO

Biblioteca de Literatura

bosquejó un cuento corto: la historia de un violinista que, a punto de comenzar un concierto que definirá su carrera, descubre que ha olvidado la partitura. Son de gran prestigio sus ensayos sobre la historia literaria hispanoamericana: *Historia de la literatura hispanoamericana* (1954); *El realismo mágico y otros ensayos* (1979); *La crítica literaria y sus otros métodos* (1979); *Mentiras y mentirosos en el mundo de las letras* (1992), y sus estudios sobre Domingo Faustino Sarmiento y Rubén Darío. Es también autor de novelas y de libros de cuentos: *El Grimorio* (1961); *La locura juega al ajedrez* (1971); *Los primeros cuentos del mundo* (1978); *Anti-Story: an anthology of experimental fiction* (1971); *Imperial Messages* (1976).

8.- Catulle Mendès

Nació en Burdeos, Mayo 22, 1841, y falleció atropellado por un tren cerca de la estación ferroviaria de Saint-Germain-en-Laye, Febrero 7, 1909.

Descendiente de una familia de judíos portugueses, Catulle Mendès nació en Francia. Tras una infancia y una adolescencia en Toulouse, al sur de Francia, en el mismo poblado antiguo en donde se estableció Mahkir Thedoric I, príncipe de Francia, por invitación de Pipino "El Breve", padre de Carlomagno; llega a París en 1859 y enseguida se convierte en uno de los protegidos de Théophile Gautier. Se da a conocer desde 1859 al fundar *Revue Fantaisiste* en la que colabora especialmente Auguste Villiers de L'Isle Adam (1838-1889). En 1864 publica su primera antología de poemas: *Philoméla*. Como consecuencia de un viaje a Alemania que lo deja fascinado, se alinea con ardor en el campo de los defensores del compositor Richard Wagner. Pronto se une al grupo de escritores que se reúne en casa de Carlos Leconte de Lisle (1818-1894): François Coppée (1842-1908), Léon Dierx (1838-1912) y José María de Heredia (1842-1905) o Théodore de Banville (1823-1891). En estas reuniones nace El Parnaso, del que Catulle Mendès será su historiador. Escritor francés. Fue uno de los animadores del parnaso y de los que más ha hablado de él, convirtiéndose en su historiador; movimiento cuya génesis relató en *"Leyenda del parnaso contemporáneo"* (1884); fundó la "Revue Fantaisiste" en 1859. Es autor de poemarios como *Filomela* (1864); *Héspero* (1869); de obras de teatro como *Medea* (1898); *Scarron* (1905); de novelas y relatos: *Vida y muerte de un payaso* (1879); *Monstruos parisinos* (1882) y de libretos de óperas. Perteneciente al simbolismo, junto con Albert Semain, Madame de Noailles y Gabriel Vicaire. Contrajo matrimonio con

Catulle Mendés

Judith Gautier, hija de Théophile Gautier, en 1866, matrimonio que no duró mucho. Luego se fue a vivir con la compositora Augusta Holmès. Esta pareja tendrá cinco hijos antes de separarse en 1886, tres de sus hijas son además el tema del famoso cuadro de Auguste Renoir, las hijas de Catulle Mendès, actualmente en posesión del Museo Metropolitano de Arte de Nueva York. Luego contrajo matrimonio con la poetisa Jeanne Nette, que será su última esposa. Se cree que su muerte fue un accidente, otros piensan que fue un suicidio. Su obra es abundante, aunque ha caído en el olvido. Está considerado como el representante de un estilismo fin de siglo, utilizando, no sin cierto preciosismo, un vocabulario rebuscado y brillante. Los críticos de la época le reprochan ya una cierta superficialidad y una manera bastante visible de seguir la moda al uso. Su poesía, con un perfume decadente, era muy apreciada por Paul Verlaine (1844-1896). Es igualmente autor de cortos relatos eróticos. Entre otras anécdotas se cuenta que fue Catulle Mendès el que presentó el ocultista Eliphas Lévi al poeta Víctor Hugo e intentó enrolar a Guy de Maupassant (1850-1893) en una logia masónica.

9.- Carlos Lozano

Autor de "*La influencia de Rubén Darío en España*". Es profesor titular de Filología Francesa de la Universidad de Granada, que en su Facultad de Traducción e Interpretación viene desarrollando sus tareas docentes desde hace una quincena de años. Es no sólo autor de una considerable cantidad de artículos y trabajos de muy variada temática, de los que este volúmen recoge una selección de los dedicados a la crítica literaria y a la teoría o crítica de la traducción, sino que es también responsable de numerosas y prestigiadas traducciones, sea de importantes obras literarias, entre las que cabe destacar las de autores como Benjamin Constant, Jazmina Kadra o Marc Gallo, sea de notables trabajos de variada temática en el campo de las humanidades como, por ejemplo, *Emperador y sacerdote*. Estudios sobre el *Cesaropapismo bizantino*, de Gilbert Dagon, publicado en el 2007 también por la Universidad de Granada.

10.- Juan C. Zorrilla de San Martín, S.J.

Nació el 28 de Diciembre de 1855, en Montevideo, Uruguay; hijo del español Juan Manuel Zorrilla y de una criolla, Alejandrina del Pozo y Aragón, familia fervientemente católica. Su madre falleció cuando el poeta tenía apenas un año y medio de vida, por tal motivo, su infancia se desarrolló bajo los cuidados de su abuela y sus tías, con el mayor cariño y dedicación por parte de ellas. Desde 1865 hasta 1867, cursó estudios en el Colegio de la Inmaculada Concepción, en Santa Fe, República de Argentina. Desde 1867 hasta 1872, estudió en el Colegio de los Padres Bayoneses, en Montevideo, lugar en el que comenzó sus estudios universitarios. Se recibió de bachiller en Santa Fe, en 1872. Desde 1874 hasta 1877, estudió en el Colegio de los Jesuistas, en Santiago de Chile. En ese período colaboró en la redacción de "La Estrella de Chile" y publicó *Notas de un Himno*. En Chile recibió la influencia de las lecturas románticas de José Zorrilla (España; 1817-1893); José de Espronceda (España; 1808-1842); y sobre todo de Gustavo Adolfo Bécquer (España; 1836-1870).

Regresó a Montevideo en 1878, ya graduado de abogado. Contrajo enlace matrimonial con Elvira Blanco y fue nombrado Juez. Su actividad letrada se complementó con la labor periodística ya que fundó el diario católico "El Bien Público", desde donde analizó críticamente la situación política de su

país. Perteneció a una generación entre el romanticismo y el modernismo. El romanticismo se expresó en el contenido lírico de su obra y por la retórica, pero el uso de recursos expresivos y la voluntad de estilo, lo acercan al modernismo. En 1879 escribió *La Leyenda de la Patria* y comenzó la redacción de *Tabaré* (1886), un poema épico que consta de seis Cantos y describe los trágicos amores entre una joven española y un joven mestizo charrúa. Por este poema es mucho mejor conocido. Fue catedrático de literatura desde 1880 hasta 1885, cuando debió exilarse en la República de Argentina, acusado de conspirador por el gobierno del General Máximo Santos. En 1886 terminó su poema épico *Tabaré*, su obra cumbre en donde relata la historia de la raza charrúa y combina la leyenda con

Juan Zorrilla de San Martín

sus propias experiencias personales. Quedó viudo el 31 de Enero de 1887, y en 1889 contrajo segundas nupcias con su cuñada, Concepción Blanco. Desde 1887 hasta 1890 ocupó el cargo de diputado en Montevideo, para ejercer, en 1891 como Ministro Plenipotenciario en España y Portugal y ser nombrado miembro correspondiente de la Real Academia de la Lengua y de la Historia. En 1897, fue designado Plenipotenciario en París, Francia. En 1898, regresó a Montevideo y en 1904 se dirigió a Argentina. Escribió *La epopeya de Artigas* (1910) y *Huerto cerrado*. En 1924 se conoció su obra *Sermón de la paz*. El 25 de Agosto de 1925, fue ovacionado en la Plaza de la Independencia y en 1928 publicó *El libro de Ruth*. Sus obras completas fueron publicadas por decisión del Directorio del Banco de la República Oriental del Uruguay en 1930. Falleció en Montevideo el 3 de Noviembre de 1931. Posteriormente, en 1945, publicaron sus dos obras inéditas: *Las Américas* y *La profecía de Ezequiel*.

11.- Emilio Rodríguez Demorizi

Nació en República Dominicana en Abril 14, 1904; falleció en 1986.

Escribió dos libros sobre Rubén Darío: *Los amigos dominicanos de Rubén Darío* (Bogotá, 1948) y *Papeles de Rubén Darío* (Santo Domingo, 1969), un opúsculo titulado *Martí y la Patria de Darío* (1952-1953). Don Emilio Rodríguez Demorizi es considerado el padre de la historiografía moderna de República Dominicana. El libro escrito en 1969 está lleno de referencias obtenidas directamente de la familia del Ing. Alejandro Bermúdez, de Masaya, quien atesoraba las cartas de su amigo Rubén Darío, recortes de periódicos, escritos dispersos y otros documentos; con el propósito de escribir un libro sobre la vida del poeta. Pero la muerte lo sorprendió y no pudo editar tal libro. Don Emilio, viajó a Masaya, a la casa de la viuda del Ing. Bermúdez, Doña María Antonia Alegría, quien conservaba todos esos valiosos documentos. Además, visitó otros sitios en donde también conservan documentos y cartas del poeta nicaragüense, entre ellos los que se encuentran en el Seminario Archivo Rubén Darío, de la Facultad de Filosofía y Letras, de la Universidad de Madrid, organizado por Don Antonio Oliver Belmás.

12.- Octavio Quintana González

Nació en la ciudad de León, Departamento de León, Nicaragua, en 1893 y falleció posiblemente en 1905. Poeta. Estudió la primaria y la secundaria en su ciudad natal. Fue redactor del diario "El Cronista"; al mismo tiempo se dedicó a la docencia. Escribió varios libros: "Vida nueva. Campaña política de 1920", (1920); "Castalia americana. Poemas y sonetos", (1932?); "Apreciaciones y anécdotas sobre Rubén Darío", (1950); "Un comentario y un poema sobre el centenario de Managua", (1952); "Nuevo libro mio. Poemas y prosas", (1957).

13.- "Prosas Políticas" de Rubén Darío

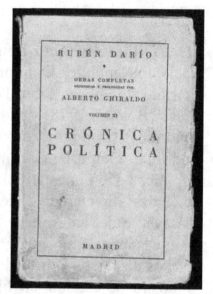

Todos sus escritos políticos fueron editados en varias ocasiones y por varios autores fundamentalmente: En el volúmen aXIII, que está compuesto con artículos de la serie "Estados", paralela a la de "Cabezas", que Rubén Darío publicó en la Revista "Mundial" de París, de Julio de 1911 a Julio de 1914. No están agrupados en el orden de aparición ni en ningún orden. El texto de los correspondientes a la República Dominicana y a Panamá ha sido recortado al comienzo, y el de Lesseps, cambiado. Posteriormente, en "Rubén Darío. Obras completas, ordenadas y prologadas por Alberto Ghiraldo, Vol. XI, Crónica Política", Madrid, 1924. Y, "Prosas Políticas" es una recopilación realizada por el profundo investigador nicaragüense Jorge Eduardo Arellano, con la introducción de Julio Valle-Castillo; editado por la Colección Popular Dariana, Ministerio de Cultura. Managua, Nicaragua, 1982. Hubo otra edición, del 30 de Julio de 1920, impreso en Madrid en la Imprenta de Juan Pueyo, con el sello de Rubén Darío Sánchez: "Prosa Política. Las Repúplicas Americanas", con ilustraciones de Enrique Ochoa.

14.- "Historia de mis libros"

En Julio de 1913, Rubén Darío publicó en el diario "La Nación" de Buenos Aires, Argentina; tres artículos: "Azul", "Prosas Profanas" y "Cantos de Vida y Esperanza", que luego, con el correr de los años, se editaron de manera póstuma, después que muriera Rubén Darío en León, Nicaragua; con el título "Historia de mis libros", este título lo puso la revista "Nosotros", Tomo X, No.82, Febrero de 1916, al reproducirlos; y con ese título figuran en otras ediciones. Estos artículos, según la opinión de Enrique Anderson Imbert, escritos con más cuidado que los de la "Autobiografía escrita por mí mísmo", son indispensables para el estudioso de Rubén Darío. En esos escritos nos traza las circunstancias de los tres libros que más quería el poeta nicaragüense, Rubén Darío; destaca los efectos que tuvieron en la renovación de la poesía; distingue las sucesivas olas de esa renovación; recuerda sus funciones de agente, en medio de quienes lo resistían, lo acompañaban, lo seguían o lo imitaban; indica la fecha de algunos de los experimentos más audaces; explica que su maestría consistió en el dominio de las tradiciones literarias de lengua española, desde primitivos y clásicos, y también en el aprendizaje de técnicas francesas y europeas en general, todo en una tensión artística, aristocrática, que procuraba la expresión de una "melodía interior"; enumera sus fuentes; nos da la cifra originalidad personal, con el conflicto entre la sensualidad y la creencia religiosa, entre los prestigios de la cultura y el afán de sinceridad, entre el arte y la vida; insiste en que cada poeta debe expresarse con independencia de fórmulas de escuela y examina los procedimientos y la génesis de sus poemas más característicos. Esta "Historia de mis libros" alude, asimismo, a los tristes episodios de su vida doméstica y termina con una página confesional.

15.- "El rey burgués" de Rubén Darío
Es un cuento que forma parte de su primer libro "Azul....", editado en Valparaíso, Chile, con fecha 30 de Julio de 1888. Don Arturo Marasso, en su libro "Rubén Darío y su creación poética" (Marzo 20, 1954, Editorial Kapelusz, S.A., Buenos Aires, Argentina), expresa lo siguiente: "En *El rey burgués*, escribe Darío, creo reconocer la influencia de Daudet. El símbolo es claro, y ello se resume en la eterna protesta del artista contra el hombre práctico y seco, del soñador contra la tiranía de la riqueza ignara". Este cuento es casi autobiográfico, dice Marasso. Tiene también carácter de manifiesto literario. El poeta ha buscado "el verso que está en el astro en el fondo del cielo y el que está en la perla en lo profundo del Océano". Esta antítesis le llega de Víctor Hugo, señala una nueva concepción de la poesía. En la creación del rey burgués, en el rasgo dominante de la descripción irónica, está patente el acercamiento a *El pájaro verde* de Don Juan Valera. Lo que dice el poeta Rubén Darío tiene valor de proclama. El poeta encarna lo ideal; el rey burgués la medianía enriquecida y estéril. Me parece

sorprendere en *El rey burgués* una resonancia del periodista Luis de Veuillot (n. Boynes, 1813-m. París, 1883).

16.- "Este otro Rubén Darío" de Antonio Oliver Belmás

Este libro es uno de los grandes clásicos que todo estudioso de la vida y la obra de Rubén Darío debe leer, pues recoge los documentos que nos dejan ver su vida y su obra en sus últimos años de vida, al lado de su compañera Doña Francisca Sánchez del Pozo, quien conservó todos esos documentos hasta que fueron adquiridos por el gobierno español y cuidadosamente estudiados por el autor de este libro. Fue motivo del Premio Biografías Aedos, editado en 1960 por Editorial Aedos. El libro en mi poder tiene estampada la firma del autor, dedicado a mi padre, el poeta y maestro Don José Santos Rivera Siles. En el prólogo, Don Francisco Maldonado de Guevara, Catedrático de Literatura Española de la Universidad de Madrid, expresa lo siguiente: "La renovación de la poesía hispanoamericana, por la obra de Rubén Darío, corre parejas en un interesante y paralelo itinerario con la de la poesía portuguesa y luso-americana por la obra de Eugenio de Castro. Hubo no sólo acordes epocales entre ambos procesos, que pudiéramos llamar naturales de estirpe y paisaje, sino también enlaces deliberados y asistencias mutuas. Creemos conveniente destacar estas concordancias que nos llevan de las estirpes y los paisajes peninsulares a las estirpes ibéricas derramadas por el gran espacio americano. Con este método comprenderemos mejor la obra revolucionaria en la poesía extensiva a espacios afines; y las comunes influencias que llegaron a la par procedentes de los nuevos modos y estilos de la Europa continental y especialmente de Francia. Rubén Darío y Eugenio de Castro. He aquí un tema, no sólo sugestivo, sino necesitado de esclarecimiento para la comprensión de nuestra penúltima historia poética, ligada al modo temporal europeo del parnasianismo y del simbolismo.

En 1894 publicó Eugenio de Castro su "Belkiss", tratado sutil de reviviscencia oriental escrito en la prosa poética más deleitosa que puedan destilar los panales de la sierra y los aires de la marina en Lusitania. Poco después, en 1897, fue traducida al castellano por Luis Berisso,

---

Buenos Aires, y prologada por Leopoldo Lugones; y, lo que es más interesante, sugerida tal vez la traslación por el propio Rubén Darío. No creo inoportuna la investigación de las influencias que, salvando las disparidades caracterológicas y pedagógicas, puedan ser presumidas en la prosa del que, como Rubén Darío, supo también grabar en el lenguaje los perfiles de moneda y de medalla. Rubén Darío (N. 1967) y Eugenio de Castro (n. 1969) eran contemporáneos, y el primero sólo dos años mayor que el segundo, pero el bautismo de fuego y de tinta impresa ocurrió para ambos al mismo tiempo, en 1885.

El epílogo, digámoslo así, de Antonio Oliver Belmás, está dedicado a las ultimidades: la enfermedad, los médicos, los testamentos, la muerte. Los médicos: "El que peca contra su Hacedor será entregado en manos de los médicos" (Eclesiástico, 38, 15); mas no confundamos esta rebelión con el capital delito de haber nacido. ¿Por qué reparo en esta sentencia? Porque siempre que se habla de médicos hay que tenerla en cuenta, y Oliver, que no la poseía de Rubén, me da pie para ello. En su poesía lo que sí se nos advierte es la presencia de la muerte y de la muerte cristiana.

En el Seminario-Archivo de Rubén Darío, fundado por Don Antonio Oliver Belmás, hay un documento espeluzmante. Una reproducción fotográfica de la agonía del poeta. Sabemos que existe y que ha sido estudiada la "pornografía de la muerte", que embadurna en su Kitsch la biografía y la novela actual. Pornógrafos, fotógrafos; ¿y el biógrafo? Todo esto, que es horrible, lo ha omitido el biógrafo. Debemos estarle agradecidos, pues su *Dariobuch* es obra honesta y seria, ajena a todo lo alharaquiento y diabólico, que se amontona en torno a lo que, con agorero nombre, se llama "la noticia". La obra de Oliver Belmás pertenece a una categoría artística como respuesta del poeta a la llamada del poeta."

17.- Francisco Contreras: 'Rubén Darío. Su vida y su obra"

Nació en Quirihue, cerca de Chillán, Departamento de Itata, en Abril 4 de 1884, en una hacienda propiedad de su familia. Falleció en París, un 12 de Octubre de 1958. Poeta modernista, crítico y escritor chileno. Introdujo el simbolismo en la poesía chilena. Es autor de libros de poemas: Toisón (1906), La piedad sentimental (1911); de relatos de viajes y de estudios sobre literatura hispanoamericana. Contrajo matrimonio en primeras nupcias el 10

de Septiembre de 1905 con Carolina Saldaña con quien procreó tres hijos: Rubén, Otilia y Abel; y, en segundas nupcias con la dama francesa Andrée Alphonse, quien durante toda su vida, después de la muerte de Francisco Contreras Valenzuela, se trasladó a vivir a Chile para que se reconociera la vida y lo valioso de la obra literaria de su esposo; además de tratar de que los restos de su esposo fuesen repatriados, el último deseo de su esposo. Ella murió en 1991, en El Turco, sin cumplir con su promesa de repatriar sus restos, que en Francia fueron sepultados en el poblado natal de Andrée Alphonse, en la villa de Riberac, Dordoña Francesa, en la sepultura perteneciente a su familia. En el año 2006, finalmente, sus restos fueron repatriados gracias a las gestiones de los alcaldes de ambos lados, de la ciudad natal de Francisco Contreras, y de la villa francesa en donde fue sepultado. En el domicilio de la Rue Le Verrier recibían a lo más selecto del mundo literario europeo. Llegaron a conocer personas de transcendencia en la historia contemporánea tales como el pintor Pablo Picasso, el físico-matemático judio americano Albert Einstein y al dirgente político ruso Vladímir Ilich Uliánov, conocido simplemente como Lenín. Francisco Contreras es descendiente de una vieja familia española que se estableció en Chile en tiempos de la Independencia. Su bisabuelo, don Diego Contreras, militar español y noble, contrajo matrimonio en Santiago de Chile con doña Eugenia de Astorga, a quien pertenecía la hacienda de Semita. Uno de los hijos, don Rafael Contreras de Astorga, contrajo nupcias en Santiago de Chile con doña Manuela Araneda. Procrearon un hijo, don Juan de Dios Contreras Araneda, quien contrajo matrimonio con doña Francisca Valenzuela, que era viuda de su primer matrimonio; ellos fueron los padres del poeta Francisco Contreras Valenzuela. Según testifica su esposa, Andrée Alphonse, que el poeta comenzó a escribir poemas desde muy temprana edad, de esa época se conservan numerosos cuadernitos de versos, cuentos, novelas e historias, escritas a los nueve años de edad. Algunas de esas fantasías de niño le sirvieron para sus novelas tituladas: *"La Zorra verde"*, en *"El Pueblo Maravilloso"*; *"El pañuelo de seda"* y en *"El Valle que Sueña"*, entre otras novelas. Dibujaba también con ahinco y se creía entre sus familiares que sería pintor. Sin embargo, lo subyugó la poesía y cuando tenía alrededor de los dieciocho años de edad tuvo la revelación de la verdadera poesía con el conocimiento de la bella y valiosa labor que Rubén Darío iniciaba y que debía dar otro rumbo a la lírica castellana tanto en América como en España. Francisco Contreras se adhirió inmediatamente a la campaña del poeta nicaragüense y fue en Chile el campeón más ardiente del nuevo movimiento llamado Modernismo. No obstante, Remy de Courmont le enseñó en su *"Idealismo"* la estética del simbolismo. Por él, aprendió que la verdadera poesía no necesitaba ser comprendida, sino sólo bastaba sentirla. Escribió entonces *"Esmaltines"* entre los dieciocho y diecinueve años, y que fue publicada en 1898. Este libro, compuesto, sobre todo de sonetos en versos menores, sonetos semejantes a algunos de Mallarmé, ha sido muy combatido de parte de los viejos críticos al espíritu académico, pero muy bien acogido por los jóvenes. En 1905, el poeta abandonó su tierra natal y se radicó en París, llevando consigo el manuscrito de *"Toisón"*, que fue publicado en 1906. Su primer libro de prosa, *"Los Modernos"* lo publicó en 1909; es una colección de estudios dedicada a ciertos maestros franceses: Paul Verlaine, Joris Karl Huymans, José María de Heredia, Maurice Barrés, Jean Lorain, Henri Ibsen y dos artistas, Augusto Rodin y Eugéne Carrière. Hay estudios sobre Carducci, D'Annunzio, Valle Inclán, y otros, y una colección de sonetos maravillosos. La obra del escritor chileno es rica y matizada. Como poeta, cumplió una tarea renovadora. Como crítico, hizo labor de acercamiento espiritual entre el viejo y le nuevo mundo y dejó ese monumento a la memoria del gran maestro Rubén Darío: Rubén Darío, su vida y su obra, editada en 1927.

Ramón Menéndez Pidal   Angel Ganivet   Antonio Machado   Federico García Lorca

18.- Arturo Marasso

Nació en Chilecito, 1890, y falleció en Buenos Aires en 1970. Escritor argentino. Cursó la carrera de Filosofía y Letras y ejerció la docencia durante treinta años, de 1915 hasta 1945, en la Universidad de la Plata, en calidad de profesor de Literatura Española. Entre sus ensayos y estudios literarios de mayor interés (que, entre otros reconocimientos, le valieron el Premio Nacional de Crítica, en 1937), destacan *Rubén Darío y su creación poética* (1934), *La antología griega en España* (1934), *Cervantes y Virgilio* (1937), *Antología de la Poesía Lírica española* (1953) y *Estudios de Literatura Castellana* (1955). Dentro de este género ensayístico, tal vez su obra más leída y citada sea la titulada *Cervantes. La invención del Quijote* (1954). Consagrado como uno de los intelectuales más destacados de su país, fue Miembro de la Academia Argentina de Letras y Miembro Correspondiente de la Real Academia Española.

Dedicado desde muy joven a la creación poética, a los veintún años de edad publicó el poemario titulado *Bajo los astros* (1911), opera prima a la que siguieron *La canción olvidada* (1915), *Paisajes y elegías* (1921), *Tamboriles* (1930) y *La rama intacta* (1949). En 1924 fue galardonado con el Premio de Poesía.

Arturo Marasso

19.- Robert Jay Glickman

Escritor, crítico y catedrático canadiense en la Universidad de Toronto. Autor de muchos libros, entre ellos los relacionados con la literatura hispanoamericana: "Fin del siglo: retrato de Hispanoamérica en la época modernista" (Toronto: Canadian Academy of the Jessica, 1999) y "The poetry of Julian del Casal. A critical Edition. Vol. 1" (The University Presses of Florida, 1976).

20.- Joseph Arthur Conde de Gobineau (1816-1882).

Nació en Ville-d'Avray, Francia, en Julio 14, 1816 y murió en Turín, Italia, en Octubre 13, 1882. Fue un diplomático y filósofo francés, cuya teoría racial, inpregnada de antisemitismo, llegó a ser empleada posteriormente por el nacionalsocialismo durante el Tercer Reich, con Adolfo Hitler a la cabeza. Su familia se convirtió en nuevos aristocráticos con la llegada de Napoleón Bonaparte al poder. Desempeñó cargos diplomáticos en Suiza, Persia, Grecia, Brasil, Alemania y Suecia desde 1848 hasta 1877. Su principal obra es el *Ensayo sobre la desigualdad de las razas humanas* (1853-1855), obra que lo convirtió en el primer teórico de las tesis sobre la supremacía de las razas arias. Además de su actividad en política exterior, fue un prolífico escritor. Escribió novelas y libros sobre religión, filosofía e

historia. Es conocido generalmente como el fundador del racismo moderno. En su obra más famosa, ya mencionada, afirma que la raza de los germanos, que habita en Gran Bretaña, Francia y Bélgica, es la única raza pura de entre aquellas que proceden de la raza superior de los arios, por estar las demás más mezcladas con las razas "negra" y "amarilla".

21.- Salvador Díaz Mirón

Nació en el puerto de Veracruz (Estado de Veracruz), el **14 de Diciembre de 1853**. Estudió en dicha ciudad y en Jalapa. Hijo del periodista y político que fuera gobernador del Estado de Veracruz, **Manuel Díaz Mirón**, siguió los pasos de su progenitor, pero con fuerte inclinación hacia las letras.

A los 14 años se inició en el oficio de periodista. Ya para 1874 era reconocido como poeta.

De hecho su obra se divide en tres etapas: la primera de 1874 a 1892; la segunda de 1892 a 1901; y la tercera de 1902 a 1928. La primera etapa se enmarca en la corriente del romanticismo, y a ella corresponden obras como *Oda a Víctor Hugo*, *Gloria*, *Voces interiores*, *Ojos verdes* y *Redemptio*, entre otras.

En 1874 fueron incluidas algunas de sus piezas literarias en la antología titulada **El Parnaso Mexicano**. En 1876, cuando escribía el periódico **El Pueblo**, fue deportado a Nueva York, Estados Unidos por razones políticas. A su regreso, colaboró para diversas publicaciones y dirigió **El Veracruzano**, que era propiedad de su padre, El Diario, El Orden y El Imparcial. En 1878 representó al Distrito de Jalancingo en la legislatura de Veracruz. En 1884 va como diputado al Congreso de la Unión y actúa valiente y brillantemente con la minoría independiente. En 1892, en vísperas de las elecciones generales, mata en legítima defensa a Federico Wólter. Es absuelto después de más de cuatro años de reclusión. Se radica en Jalapa. En 1904 vuelve como diputado al Congreso de la Unión. En 1910 es desaforado y puesto en prisión por haber atentado contra la vida del diputado Juan C. Chapital. Al triunfar la revolución contra Porfirio Díaz es puesto en libertad. En 1912-13 es director del Colegio Preparatorio de Jalapa. Bajo el general

Victoriano Huerta dirige el diario "**El Imparcial**" en la ciudad de México; poco antes de la caída de este gobierno es exiliado a Europa.

En la segunda etapa de su producción, publicó en Estados Unidos (1895) y en París (1900) su libro *Poesías*. Un año después, en Xalapa, publica *Lascas*, obra considerada su principal libro, que contenía un total de 40 poesías inéditas. A este período corresponden piezas literarias como: *El fantasma*, *Paquito*, *Nox*, *A Tirsa*, *A una araucaria*, *Claudia* e *Idilio*, entre otras.

Después de una corta estancia en Santander (España) se radica en La Habana (Cuba) en donde enseña francés, Historia Universal y Literatura. El presidente **Venustiano Carranza** autorizó su regreso al país y la restitución de sus bienes. En 1921 rehusa una pensión que le ofreció el gobierno del presidente **Álvaro Obregón**; y en 1927 declina el homenaje nacional que organizaba un grupo de escritores. El mismo año es nombrado director del Colegio Preparatorio de Veracruz. El **12 de Junio de 1928** muere en el puerto de Veracruz. El 14 del mismo mes se trae su cadáver a México D.F. para darle sepultura en la **Rotonda de los Hombres Ilustres**, por acuerdo del presidente de la República.

De la última etapa del trabajo poético de Salvador Díaz Mirón, sólo se conocen 24 piezas, aunque la realidad es que su producción fue mucho mayor y él mismo pensaba reunirla en varios libros que nunca publicó. Los peregrinos, Al buen cura, A un profeta, La mujer de nieve, A un pescador y El ingenioso Hidalgo, son sólo algunas de las poesías que se conocen de este período.

22.- José Asunción Silva (1865-1896)

Silva, *poeta de Bogotá y la Sabana*

Por Juan Gustavo Cobo Borda

El 14 de diciembre de 1882 José Asunción Silva escribe un poema titulado «Crepúsculo». «Sobre un fondo de tonos nacarados, / [...] se pueblan de tinieblas los espacios / y las almas de sueños!». Y en medio de este escenario, «se recuerdan las caras adoradas / de los queridos muertos». Cualquier texto, de un gran poeta, nos transmite su tono y su nervio. Su música íntima y las figuras recurrentes de su mitología. Así sucede en este caso con José Asunción Silva. Abro al azar su poesías, en la muy confiable edición crítica de Héctor Orjuela (1979), y me topo con este texto:

[...] la hora gris, propensa al ensueño melancólico; la cavilación en torno a lo fugaz de todas las cosas, incluido el ser humano; la reflexión acompasada, que poco a poco nos envuelve con su ritmo sugerente. Y todo ello emanando de un dibujo muy preciso:

> La silueta del templo
> las altas tapias del jardín antiguo
> y los árboles negros
> cuyas ramas semejan un encaje
> movidas por el viento.

Qué precisión y a la vez cuánta evanescencia. Qué modo de decir y qué manera de callar. Se trata, sin lugar a dudas, de un contemplativo con mirada sagaz y penetrante, que un año después, 24 de abril de 1883, estampa como título de otro de sus poemas la palabra definitoria, «Melancolía», para decir a continuación:

Silva. Foto cortesía de la revista *El Malpensante*.

De todo lo velado,
tenue, lejana y misteriosa surge
vaga melancolía.

Pero ella, que parece aislarlo en una soledad asumida, tiene un reverso dinámico, de empatía universal, «leve cadena de oro / que un alma a otra alma con sus hilos une / oculta simpatía». Es quizás la misma mentira, con los ojos azules, que exaltaron Bécquer y los románticos, y que funde en una aparición lunar, tan concreta como inasible, a la mujer y a la poesía, hechas una en el espectro evanescente de tanta sombra y de tanta música.

Tan pálidos y a punto de desvanecerse como sus quimeras, pero a la vez dotados de una sospechosa energía. En el caso de Silva, negocios y poemas, acreedores y traducciones (¿que diría de *La muerte de Iván Ilich*, la obra maestra de Tolstoi, este Silva que reconoció aterrado ante Sanín Cano la posibilidad de morirse sin haber leído *Guerra y paz*?). Novelista y dotado prosista. Diplomático y fracasado empresario. Pero ninguna de estas máscaras alcanza a ocultar al José Asunción Silva esencial: aquel que tradujo a Victor Hugo, imitó a Gustavo Adolfo Bécquer, comprendió a Bolívar y se supo parte de una tradición válida que lo unía, en el hilo dorado de la palabra rítmica, a Rubén Darío, Diego Fallon y Rafael Pombo.

José Asunción Silva en un paseo familiar. Foto cortesía de la revista *El Malpensante*.

En los poemas dedicados a Fallon y a Pombo, el mismo tópico: cuando en los tiempos venideros ya nadie recuerde tus versos, será la naturaleza la que siga rimando, en una misma estrofa, "los leves nidos y los hondos valles". No sólo la naturaleza, también los seres humanos, como en el caso de «Futuro», dedicado a Pombo:

Puedes morir. ¡Qué importa!... Mientras haya
almas que sueñen, labios que provoquen,
noches de duda, claras primaveras,

[...] Vivirán tus estrofas magistrales
y tu memoria vivirá con ellas,
como entre las negruras del vacío
la lumbre sideral de las estrellas.

[Noviembre de 1886]

Y ello por tener los pies en una tierra que hizo suya, Bogotá, y una lengua que convirtió en su instrumento para perdurar: el español. Así lo expreso en un poema del 1º de agosto de 1883: «La ventana», en donde el poeta se torna la voz misma de las cosas viejas y desde allí, desde una muy vieja ventana colonial, mira pasar la cabalgata de la historia: la dama española,

Que al venir de la hermosa Andalucía
a la colonia nueva
el germen de letal melancolía
por el recuerdo de la patria lleva.

Esa lengua, de desterrados y transplantados, que cambiara a través de las brisas y huracanes del Atlántico, del ritmo Caribe y el ascenso penoso por la cordillera, hasta esa altiplanicie, al igual que tantos planos que pueblan sus versos, para revivir un baile, recordar a una joven muerta, o entonar ese acompasado réquiem de un perpetuo «Día de difuntos»:

La luz vaga... opaco el día
la llovizna cae y moja
con sus hilos penetrantes la ciudad desierta y fría.

Esa ciudad, donde rumbo al suicidio Silva deambulaba y se sostenía con el manantial inagotable de los cuentos infantiles, aspirando los perfumes de «la senda florecida que atraviesa la llanura». Sí, esa Bogotá y esa sabana que aún subsisten gracias a su don único.

Conferencia dictada en Estocolmo, el 28 de noviembre de 1996

El 23 de mayo de 1896, a eso de las once de la noche, José Asunción Silva, joven poeta, bogotano aristocrático de 31 años de edad, se despidió de los amigos con quienes acostumbraba conversar en diaria tertulia y dio a su madre y a su hermana Julia el beso de las buenas noches. Antes de salir de la sala, uno de sus comensales lo detuvo para invitarlo a almorzar al día siguiente. Pero Silva le respondió que eso no sería posible a causa de su salud quebrantada y añadió algunas palabras acerca de la inutilidad de la vida. Su amigo, tratando de reprocharle su pesimismo, le dijo entonces:

—Si sigues así, no me sorprenderá que te des un balazo el día menos pensado.

—¿Quién, yo? ¡Sería curioso que yo me matara! —contestó Silva con mucha presteza, pero sonriendo.

Cumplidas las despedidas, Silva se dirigió a su habitación. Se desnudó y luego se vistió con otras ropas limpias y preparadas al efecto: pantalones de casimir, botas de charol y una camiseta de seda blanca en la que se podía ver dibujada la silueta del corazón, precisamente sobre el lugar donde debía encontrarse ese órgano vital. Después se supo que esa misma mañana el poeta había visitado a su médico y amigo, el doctor Juan Evangelista Manrique, con el pretexto de pedirle un remedio contra la caspa. El doctor Manrique recordaría más tarde que Silva le había pedido, como al pasar, que le dibujara en la camiseta con un lápiz dermográfico el lugar exacto del corazón.

El poeta se recostó luego en su lecho y empuñó el revólver que tenía preparado para ese momento. Colocó la boca del cañón en el centro del dibujo de su corazón y oprimió el gatillo. La bala trazó un relámpago de muerte en el pecho del suicida y, dice un historiador, «le puso fin al poema de su melancolía».

Nadie oyó el estampido. A la mañana siguiente, la anciana criada que entró a la habitación trayendo la bandeja del desayuno, encontró al cadáver, con los ojos abiertos y la expresión tranquila.

No dejó carta de despedida, ni explicación escrita sobre los motivos del suicidio. Sus funerales consistieron, según la norma impuesta en la época por la Iglesia Católica, en arrojar el cadáver a un muladar. Los suicidas no tenían derecho a la paz del cementerio, reservada exclusivamente a los fieles practicantes del amor y de la compasión.

Es ya una tradición comenzar la biografía de José Asunción Silva con el relato de su muerte. No se dice en primer lugar que nació en Bogotá, en noviembre de 1865, en el seno de una familia aristocrática liberal y masónica por la línea paterna y conservadora por la materna; que fue un niño extraordinariamente bello y sobreprotegido por su madre y hermanas; que en el colegio sus compañeros se burlaban de él, llamándolo «El Niño Bonito» o, peor aún, «José Presunción»; que fue creciendo aislado, sin amigos, encerrado en la jaula de su propia hermosura y de la delicadeza de sus modales, dominado por una creciente timidez y atrincherado en la conciencia de su inteligencia precoz, superior a la de quienes lo rodeaban y hacían mofa de él. Tampoco se acostumbra comenzar la historia de José Asunción diciendo que a los diez años de edad escribió su primer poema, una pieza literaria que demuestra una increíble madurez intelectual.

Yo quiero hablar aquí, hoy, de algunos hechos y circunstancias que me parecen importantes para entender a este ser humano, mi prójimo de carne y hueso, que se llamó José Asunción Silva y que pasó por el mundo como una estrella fugaz, pidiendo en vano que alguien se asomara a las profundidades de su alma, más allá de su brillo deslumbrante, debajo de su radiante vestidura de poemas inmensos y modales delicados, y viera y comprendiera sus dolores, sus soledades, sus angustias y sus alegrías.

Se ha dicho que nació triste. Es mentira. Nadie nace triste. Nació en el seno de una familia entristecida por la vergüenza y por la tragedia. En 1860 un primo suyo, Guillermo Silva, se suicidó de un balazo en presencia de su mujer y sus hijos en la Hacienda de Hatogrande, y esto era una vergüenza horrible. En 1861 un pariente directo suyo, Joaquín Suárez Fortoul, cayó despedazado en las trincheras del Alto de San Diego, donde hoy se alza la Plaza de Toros de Santa María, en el intento de toma de Bogotá por parte del ejército liberal. En 1864, un año antes del nacimiento del poeta, su abuelo José Asunción fue brutalmente asesinado en la misma Hacienda de Hatogrande por una partida de bandoleros. La circunstancia de que la familia quisiera perpetuar el nombre del abuelo muerto en el nieto recién nacido, y el hecho comprobable de que durante toda la infancia del niño José Asunción se recordó con dolor y amargura la horrible muerte del viejo José Asunción, tiene por fuerza que haber dejado huella muy profunda en la fantasma del muchacho, precisamente en la edad en que se realizan los procesos psicológicos de la identificación. Nos consta a todos, porque estuvo a la vista y no quisimos verlo, que nuestro poeta se empeñó sistemáticamente en llamarse a sí mismo José, simplemente, y que firmó sencillamente José Silva en sus cartas y papeles, como si quisiera sacudirse del pellejo un nombre marcado por la muerte. Y nos consta también que en su *Nocturno Tercero*, en el que llora con amargura la muerte de su hermana y confidente Elvira, firma explícitamente José Asunción Silva, como si quisiera subrayar con el hálito trágico de su nombre el carácter verdadero y real de la tragedia evocada en el poema. No sobra agregar, de ninguna manera, que el abuelo José Asunción tuvo fama en su época de tener modales muy afectados, «insinuantes» según dice un historiador, y que no faltó un canalla que inventara calumnias a partir del hecho de que este anciano vivía en la Hacienda de Hatogrande en la íntima compañía de su hermano y confidente, don Antonio María Silva.

Varias cosas se pueden deducir de estos hechos: primero, ya había casos de suicidio en la familia; segundo, ya la familia estaba marcada socialmente por este estigma, lo que la obligaba a retraerse de la vida social y a encerrarse en sí misma; tercero, la afectación de los modales era una manera de comportamiento que tenía antecedentes en la familia; cuarto, la amistad y la confidencia entre los hermanos Silvas era un hábito familiar, fortalecido por las trágicas circunstancias de la vida; y quinto, que, según veremos más adelante, la calumnia sobre relaciones incestuosas también era un hábito en la vieja y mezquina Santafé de Bogotá, esa aldea triste y sombría a la que Silva llamó alguna vez irónicamente «la culta capital».

Cuando José Asunción llegó a los 17 años estaba ya plenamente formado como poeta. Escribió entonces, para su amigo Diego Fallon, esta pieza admirable que certifica su extraordinaria maestría de creador y rinde culto a la eterna poesía de la naturaleza:

> A Diego Fallon
> Cuando de tus estancias sonorosas
> Las solemnes imágenes
> En los lejanos siglos venideros
> Ya no recuerde nadie,
> Cuando estén olvidados para siempre
> Tus versos adorables,
> Y un erudito, en sus estudios lentos,
> Descubra a Núñez de Arce,
> Aún hablarán a espíritus que sueñen
> Las selvas seculares
> Que se llenan de nieblas y de sombras
> Al caer de la tarde.
> Tendrán vagos murmullos misteriosos
> El lago y los juncales,
> Nacerán los idilios
> Entre el musgo, a la sombra de los árboles,
> Y seguirá forjando sus poemas
> Naturaleza amante
> Que rima en una misma estrofa inmensa
> Los leves nidos y los hondos valles.

Entre los 18 y los 20 años de edad, viajó Silva por Europa, especialmente por Francia e Inglaterra. En París conoció a Mallarmé, el fundador del simbolismo, a quien reconoció como uno de sus más queridos maestros y con quien mantuvo una relación de correspondencia durante todo el resto de la vida. Asistió a sus tertulias, trató con lo más brillante y lúcido de la joven intelectualidad francesa. No pudo conocer, hasta donde sabemos, a esa escandalosa pareja de amantes y genios de la literatura que fueron Paul Verlaine y Arthur Rimbaud, porque en aquellos años ellos estaban fuera de Francia. Pero es indudable que las historias en torno a estos dos poetas llegaron a sus oídos, porque eran el tema del día en los círculos literarios de Europa. Rimbaud era, por lo demás, un asiduo de las tertulias simbolistas y su destino de niño prodigio, bello y endemoniado fue, si cabe hacer una frase recurrente, un símbolo del simbolismo.

Durante su estadía en Europa trabó Silva conocimiento con el célebre Oscar Wilde y, según dicen los biógrafos, los dos llegaron a ser «buenos amigos». Y en este punto es de advertir que quienes me oyen ahora, en esta noche en que recordamos a nuestro querido poeta José Asunción Silva, deben abstenerse de pensar en la palabra «homosexualismo», porque este término es completamente tabú en las biografías de Silva y porque, además, se supone que en Colombia jamás ha habido un solo poeta con esas inclinaciones.

De regreso en Colombia, Silva intentó realizar una existencia abierta, socialmente activa, pero pronto encontró otra vez los obstáculos que ya se le habían opuesto durante la infancia. Las gentes lo miraban, envidiaban su hermosura y encontraban en sus modales el pretexto para rechazarlo o ridiculizarlo. Tomas Carrasquilla describe así su primer encuentro con Silva, en 1890:

> Éste sí que es el tipo de los tipos y la cosa particular. Es un mozo muy bonito, con bomba de para arriba como el doctorcito Jaramillo y muy crespo él y barbín. Hazte cuenta el buen pastor de la señora González. Pero no te puedes suponer una bonitura más fea ni más extravagante, y es muy culto y muy amable pero con una cultura tan alambicada y una amabilidad tan hostigosa que se puede envolver en el dedo, como cuenta Goyo del dulce de duraznos de Santa Rosa. Modula la voz como una dama presumida, sin embargo no tiene nada de adamado, anda como un huracán, pero con mucho compás, da la mano pegándola del pecho, encocando cuatro dedos y parando el índice de tal modo que uno tiene que tomársela por allá muy arriba. En fin, es un prójimo tan supuesto y afectado que causa risa e incomodidad al mismo tiempo y a vuelta de todas estas rarezas es muy ilustrado y parece muy inteligente.

Alfonso López Michelsen ha comentado, a la vista de esta cita, que la opinión de Tomas Carrasquilla sobre la afectación del poeta bogotano no le impidió llamar a Silva en 1914 «el segundo lírico de la lengua castellana». Pero es por esta época que Silva comienza a hacer alusiones curiosas, que lo aproximan a los poetas malditos. Yo no mencionaré aquí sino dos o tres de ellas, y lo haré sin pretensiones de hacer análisis literario. Me interesa por ahora más la aproximación sicológica. En su poema sobre los espermatozoides, lleno de ironía, nos muestra al sabio Cornelius Van Kerrinken frente al microscopio diciendo:

> ¡Oh! mira cómo corren y bullen y se mueven y luchan y se agitan los espermatozoides: ¡Mira! si no estuviera perdido para siempre; si huyendo por caminos que todos no conocen hubiera al fin logrado tras múltiples esfuerzos el convertirse en hombre, corriéndole los años hubiera sido un Werther, y tras de mil angustias y gestas y pasiones se hubiera suicidado con un Smith y Wesson ese espermatozoide.

Quiero recordar que Silva se suicidó con un revólver Smith y Wesson que ya poseía cuando escribió este poema.

Más tarde escribe tres poemas seguidos, en los cuales asocia explícitamente las enfermedades venéreas con el amor comprado a prostitutas o simplemente con las relaciones carnales promiscuas. En el primero de ellos, titulado *Cápsulas*, se cuenta la historia del pobre Juan de Dios, que probó sucesivamente los amores de diferentes mujeres y tuvo que curarse cada vez con distintas cápsulas medicinales, hasta que

> Luego, desencantado de la vida,
> Filósofo sutil,
> A Leopardi leyó, y a Schopenhauer
> Y en un rato de *spleen*,
> Se curó para siempre con las cápsulas
> De plomo de un fusil.

No me digan que esto no tiene rasgos autobiográficos. Silva dijo explícitamente, varias veces, que Schopenhauer era su maestro, y citó a Leopardi más de una vez. Que la relación entre una enfermedad venérea y la influencia de ciertas filosofías con el acto suicida quede establecida tan claramente en un poema de Silva, dice mucho de Silva pero dice mucho más de nuestra propia incapacidad para leer profundamente las enigmáticas señales de un poeta.

Más espectacular aun, si cabe, es la señal que nos deja en el siguiente poema, en que describe las consecuencias del amor con una prostituta:

A una boca vendida,
a una infame boca,
cuando sintió el impulso
que en la vida a locuras
supremas nos provoca,
dio el primer beso,
hambriento de ternura
en los labios sin fuerza, sin frescura.
No fue como Romeo al besar a Julieta:
el cuerpo que estrechó cuando
el deseo lo ardiente aguijones
su carne inquieta, fue el cuerpo
vil de vieja cortesana,
Juana incansable de la tropa humana.
Y el éxtasis divino que soñó con delicia
lo dejó melancólico y mohíno
al terminar la lúbrica caricia.
Del amor no sintió la intensa
magia y consiguió...
una buena blenorragia.

¿Y por qué es espectacular esta señal? Sencillamente porque el poema se titula, fíjense ustedes bien, *Enfermedades de la niñez*. ¿Tuvo José Asunción alguna experiencia traumática de esta naturaleza en su tardía niñez o en su temprana adolescencia? ¿Vio en otros, o experimentó en su propio cuerpo, los efectos de un mal venéreo obtenido en una relación sexual como la descrita en el poema? ¿Tiene esto algo que ver con su precoz viaje a París, cuando apenas tenía 18 años, siendo, como era, tan hogareño y sobreprotegido? ¿Tiene todo esto alguna relación con la circunstancia de que en París se hizo inseparable del médico recién recibido Juan Evangelista Manrique, su condiscípulo de la etapa colegial y que, según cuenta el propio Manrique, en sus conversaciones intentaba Silva invariablemente tocar los temas médicos y científicos, en tanto que el médico insistía en hablar de arte y literatura? De los pocos papeles que sobrevivieron al naufragio en que se perdió casi toda su obra, se han logrado recuperar unas recetas médicas del período en que estuvo en París. Las firma un profesor de la Sorbona, el Dr. Légendre. Los médicos contemporáneos que han estudiado estas recetas afirman que se trata de medicinas «contra la impotencia». Pero yo observo dos cosas: primera, en esa época se consideraba que la impotencia era uno de los más graves efectos de las enfermedades venéreas y a menudo se daba prioridad a su tratamiento; segundo, se recetaban medicinas contra la impotencia a ciertos individuos afeminados, porque se consideraba que tales remedios reforzaban los factores de masculinidad.

En el tercer poema, titulado *Psicoterapéutica*, se aconseja Silva a sí mismo:

Si quieres vivir muchos años
y gozar de salud cabal,
ten desde niño desengaños
practica el bien, espera el mal.
Desechando las convenciones
de nuestra vida artificial,
lleva por regla en tus acciones
esta norma: lo natural!
De los filósofos etéreos

huye la enseñanza teatral,
y aplícate buenos cauterios
en el chancro sentimental.

La primera estrofa alude otra vez a las experiencias infantiles, a la salud y a la larga vida que se puede garantizar mediante la virtud y la desconfianza: «practica el bien, espera el mal». La segunda y la tercera estrofas aconsejan hacer precisamente lo contrario de lo que Silva hizo en su juventud: huir de la afectación y de los amaneramientos que provienen de «nuestra vida artificial» y de la enseñanza teatral de los filósofos etéreos. No deja de ser significativo que este poeta llame a su aislamiento social, a su soledad intelectual, al rechazo que percibe entre sus semejantes, el chancro sentimental. Es decir, siente como si su alma tuviera una enfermedad venérea que le impide la convivencia emocional con los demás.

Hay otras señales, no menos sugestivas. En su novela *De sobremesa*, en cuyas paginas se mezclan tantas fantasmas con tantos fragmentos autobiográficos, el protagonista, José Fernández, dice cosas como ésta:

> Yo, el libertino curioso de los pecados raros que ha tratado de ver en la vida real, con voluptuoso diletantismo, las más extrañas practicas inventadas por la depravación humana, yo, el poeta de las decadencias que ha cantado a Safo la lesbiana y los amores de Adriano y Antinoo...

¿Hasta dónde es esto fantasma y a partir de qué punto es autobiografía? En la libreta de notas de Silva se hallan, entre las anotaciones hechas durante su viaje a París, tres fórmulas para preparar afrodisíacos, una de las cuales incluye «extracto líquido de coca» entre sus ingredientes. En la novela *De sobremesa*, el uso de drogas aparecerá registrado del siguiente modo:

> Desde hace años el cloral, el cloroformo, el éter, la morfina, el hachís, alternados con excitantes que le devolvían al sistema nervioso el tono perdido por el uso de las siniestras drogas, dieron en mí cuenta de aquella virginidad cerebral más preciosa que la otra de que habla Lasegue.

Su amigo el Dr. Manrique, al recordar la estancia de Silva en París, alude a su búsqueda de aquellas «impresiones que la neurona educada debía transformar en actos o en sensaciones voluptuosas», como si quisiera indicar que las andanzas del poeta en estos menesteres fuera más el fruto de una curiosidad científica, racional, que el resultado de deseos vivenciales o apetitos de la carne. Sea, pues; la moral y las buenas costumbres se han salvado. Pero lo que Silva perdió en el naufragio del barco *L'Amérique*, en 1895, cuando regresaba de su estancia en Caracas, no fue ningún tratado científico sobre las costumbres decadentes de ciertos círculos intelectuales europeos, sino, sencillamente, obras como *Las almas muertas*, doce *Cuentos negros* y, más interesante aun, *Poemas de la carne*. Los títulos desnudos son, por sí solos, una lluvia de señales.

En ese naufragio se perdieron, además de obras literarias de valor, claves importantes de la intimidad de Silva. Y quedan solamente en pie, pues, las señales que nos dejó el poeta en los fragmentos conocidos de su obra y que cada cual deberá interpretar según su leal saber y entender.

Pero Silva no fue un ermitaño, ni se abandonó a la soledad resentida. Mantuvo tertulias, escribió en periódicos, tuvo un cargo diplomático en Caracas y desde allí envió a su amigo y maestro Mallarmé una orquídea especialmente preparada para que sobreviviera el largo viaje transatlántico. Es probable que haya enviado muchas flores en su vida, pero ésta es una de las pocas veces que el envío está documentado, y el destinatario no era una mujer. El último cheque de su vida, por la suma de cuatro pesos, es el pago de un ramo de flores para una mujer, pero esa mujer era su hermana Julia. Para decirlo de una vez por todas, no se le conocieron mujeres, ni siquiera de aventuras. Algunos biógrafos han hecho listas de posibles amantes a partir de simples conjeturas sobre hipotéticas hembras reales, ocultas detrás de las mujeres ficticias de sus poemas. Esto, me parece, es casi como tratar de averiguar el nombre de la Casada Infiel que Federico García Lorca se llevó una vez al río, «creyendo que era mozuela, pero tenía marido». Si alguna compañera tuvo Silva fue su hermana Elvira, su amiga y confidente entrañable, a quien contaba todos sus secretos, y por eso quieren las gentes de alma miserable ver un incesto en ese amor de hermanos.

No fue tampoco, como afirman sus biógrafos, indiferente ante la política y los problemas sociales. Entre las muchas «Sociedades de Socorros Mutuos» que funcionaban en el país en la década de 1890, la de Bogotá era la más importante. Estas sociedades fueron precursoras de los modernos sindicatos y allí se reunían los obreros y artesanos para educarse, discutir sobre política y cultura y, por supuesto, socorrerse mutuamente. Los intelectuales más progresistas llegaban allá como educadores, expositores, conferencistas. Algunos eran tan atrevidos que, incluso, eran miembros militantes de estas organizaciones. Pues bien, el 18 de enero de 1893 estalló en Bogotá un levantamiento de obreros, que fue reprimido de manera sangrienta por el ejército. El gobierno afirmó que la Sociedad de Socorros Mutuos de Bogotá era la instigadora la de subversión y ordenó una persecución implacable contra sus miembros. Por los documentos policiales de la época sabemos que el presidente de la Sociedad, Luis Guillermo Rivas, y el secretario, José Asunción Silva, se salvaron de ir a presidio gracias a la intervención enérgica del más importante líder político de ese momento: el doctor Carlos Holguín.

Para terminar, quisiera yo hacer aquí un contraste personal entre Silva y Rafael Pombo, quien era 32 años mayor que nuestro poeta. Fueron amigos y a veces salían a pasear juntos. Esta pareja debía ser espectacular. Pombo odiaba los sectarismos políticos y las guerras civiles. Escribió fábulas en verso para niños y tradujo a Poe y a los grandes poetas alemanes, franceses, italianos, portugueses, griegos y latinos. Fue romántico, naturalista, modernista, moralista y maldito. Y no fue suicida porque, a diferencia de Silva, que fue perseguido por ser bello y delicado, Pombo era mísero de cuerpo, pecoso y rubicundo como un payaso mal pintado, miope, de minúscula quijada y cuello de pelícano, de andar vacilante y trémulo como el de una foca vieja. Su rostro se escondía cobardemente detrás de unos inmensos bigotes que pretendían ocultarlo todo, desde las narices hasta las rodillas. Visto con los ojos de la rancia Santafé del siglo pasado, José Asunción Silva fue un efebo griego y esto era imperdonable. Pombo, en cambio, fue una caricatura que nos hizo reír de buena gana y esto siempre se agradece.

Manuel Gutiérrez Nájera (1859-1895)

23.- Manuel Gutiérrez Nájera (1859-1895)

(México, 1859-1895). Gutiérrez Nájera dedicó casi la totalidad de su vida al periodismo. Bajo distintos seudónimos, como *El Duque Job*, fue dando a conocer, en publicaciones de su país una obra de prosa abundantísima y de gran importancia para el modernismo. Autor de numerosos cuentos y relatos que muestran el inicio de la narrativa modernista para la prensa escribió incontables crónicas de temas variados a las que infundió un ajustado estilo ligero y ameno, a veces voluntariamente superficial pero de gran personalidad expresiva. Cultivó también la crítica literaria y teatral pero dejó poco lugar para la actividad poética que a pesar de ser escasa ejerció gran influencia en la renovación lírica de sus años.

Fundó en 1894, junto a Carlos Díaz Dufóo, la *Revista Azul* que llegó a ser órgano primero y central del modernismo en aquel país.

De temperamento religioso y sensibilidad en esencia romántica, a su poética se la siente acercarse a esa concepción romántico-simbolista de la poesía que nutre lo mejor de la gestión modernista, especialmente en el primer tramo de su órbita. Y ello tanto por su rechazo al realismo y positivismo y el subsecuente sentido idealista que procesara, como por su defensa de la utilidad de la belleza en sí, liberada de la moral y la preocupación humanista y social. Se sentía heredero de la idea del *arte por el arte*, que en Francia propagara Théophile Gautier, a quien tanto admiró. Tanto sus lecturas francesas, de Musset, entre otros, como las del italiano Leopardi, ayudan a comprender la doble vertiente, romántica y parnasista, por las que discurre su palabra poética.

Nájera supo ver la causa primera y fundamental, el aislamiento, que obraba en la decadencia de la poesía española de entonces.

Y comprendió así como era de necesario "el cruzamiento en literatura" (título de un ensayo suyo de 1894) por lo que, en consecuencia, propugno la apertura cultural y literaria que caracteriza el modernismo. Defendió, muy alejado de su imagen de afrancesado total, lo permanente y válido de la tradición literaria española a la que, como mexicano, prolongaba (aunque, animado de una oportuna intención paródica, incrustara giros y palabras galicistas en algunas de sus composiciones).

De su romanticismo esencial, que parece aproximarse al simbolismo, nacen los sentimientos centrales que recorren su poesía, y los temas que aquellos conforman: la tristeza y la resignación ("Mis enlutadas"); la invitación al placer y a la vida, pero invitación casi angustiada por la premiosidad que de sobre ella impone el sentimiento del tiempo ("A un triste"); esta misma conciencia dolorosa pero igualmente resignada de la temporalidad("Para entonces", "Última Necat"); la búsqueda del sentido oculto de la realidad, que unas veces deviene mensaje pesimista("Ondas muertas"), y otras es exaltación de la naturaleza en expresión ya modernista("A la Corregidora"). Y como todos los poetas de su tiempo, la fe salvadora y suprema en la *Santa poesía*. Pero no falta en su obra la gracia y por la veta parnasista y preciosista que le asistió, dejó exquisitas recreaciones frívolas del *esprit* francés, aunque adaptadas a ambientes o realidades personales y mexicanas("La Duquesa Job").

No fue un revolucionario en las formas, y cuando más se limitó a introducir nuevos esquemas acentuales en los métodos tradicionales. Pero sí es un avanzado es un avanzado en el ajuste idóneo de un lenguaje colorista y suavemente musical, de un lado, puesto al servicio de la expresión de un dolorido mundo interior teñido por la melancolía, y de una visión enteramente subjetiva de la realidad exterior.

Aunque Gutiérrez Nájera se destacó en su tiempo entre los iniciadores del modernismo hispanoamericano, sus obras tuvieron muy escasa divulgación en España en la época modernista. Esta poca resonancia de su obra literaria no puede atribuirse a su extravagancia o mal gusto, pues ni la obra ni el hombre eran capaces de ofender la sensibilidad más delicada.

Puede decirse que a este autor, modernista en su sensibilidad poética, le sucedió lo mismo que a Martí y a Silva, ya que los españoles tardaron algunos años en conocer y en apreciar a los tres, fallecidos todos prematuramente. De haber vivido cinco años más, Nájera hubiera encontrado un ambiente más propicio para la aceptación y la difusión de su obra en España. Sólo después de su muerte llegaron los españoles a conocer su obra, y nunca fueron muy numerosos los poemas que pudieron leer en revistas españolas.

Hace algunos meses se cumplieron cien años del fallecimiento de Manuel Gutiérrez Nájera, quien, como Mozart, murió a los 36 años de edad. Este gran hombre de letras fue originario de la Ciudad de México en la que transcurrió la totalidad de su existencia ya que, como afirma José Emilio Pacheco, tan sólo se ausentó de ella para realizar cortas visitas a Querétaro y a Veracruz, si bien habrá ido ocasionalmente a la hacienda que unos familiares suyos tenían en el estado de Puebla. Hacienda en la sitúa la dramática acción de uno de sus cuentos, *La Mañanita de San Juan*.

Escritor desde temprana edad, Gutiérrez Nájera cultivó diversos géneros literarios en prosa y en verso. Entre los primeros destaca su multifacética labor periodística en varias publicaciones dedicada, casi toda, a información y comentarios sobre sucesos, costumbres y personajes de la Ciudad de México que en conjunto constituye, al igual que la que habían cultivado antes Altamirano y contemporáneamente Sierra, una vívida crónica mundana y finisecular de la capital.

Esta ciudad se había afrancesado marcadamente en el primer cuadro tanto en su arquitectura., comercio, modas y gastronomía como en el pensamiento, la literatura. el empleo de términos en la lengua de Descartes y las corrientes artísticas que, no sin cierto snobismo, guiaban a su élite social e intelectual.

En este medio se desenvolvió la creatividad literaria de Gutiérrez Nájera que en su poesía siguió inicialmente modelos de Gautier y Musset para inclinarse, en su madurez, por los parnasianos v por algunos asomos al simbolismo y al modernismo, al que le abrió las puertas en su revista *Azul* .

De su poesía de intención cercana a la crónica destaca por su amable y elegante frivolidad *La Duquesa Job.*, la cual en sus cuatro quintetos y catorce sextetos decasílabos elabora un simpático recorrido de un extremo a otro de las calles de Plateros y de San Francisco, las que desde 1915 son una sola: Madero, y que hasta los años cincuenta fueron las más refinadas y las más transitadas por la gran sociedad citadina.

De todos es sabido que Gutiérrez Nájera se sirvió de varios seudónimos, pero de ellos el más popular fue el de "Duque Job". *La Duquesa Job* (1884) es, consecuentemente, el nombre que el poeta le dio a una joven mujer de la que estaba enamorado, cuya vida se desenvolvía a lo largo de Plateros y San Francisco, circunstancia que aprovecha para salpicar al poema con los sitios y personas locales en su quehacer cotidiano.

Estoy persuadido de que si el autor hubiera vivido unos meses más y de haber compuesto su *Duquesa Job* a fínales de 1895, en sus estrofas hubiera incluido también el Salón Rojo, primera sala cinematográfica que se estableció precisamente en México en una de dichas calles en ese año.

Como quiera que sea, *La Duquesa Job* es, también según José Emilio Pacheco "el primer poema hispanoamericano en el que frívolamente aparece lo que entonces era el mundo moderno". Este poema se ha hecho sumamente popular por la juguetona y pegajosa quinteta:

> Desde las puertas de "La Sorpresa"
> hasta la esquina del Jockey Club
> no hay española, yanqui o francesa
> Ni más bonita ni más traviesa
> que la duquesa del Duque Job.

Ahora bien, durante mucho tiempo me pregunté, al igual que lo habrán hecho muchas otras personas, ¿qué cosa es *La Sorpresa* que remata el primer verso? Tardé mucho tiempo en comprender que tenía que tratarse de un establecimiento de alguna de las citadas calles que servía de referencia al poeta para indicar el predominio de la Duquesa de un extremo a otro de aquellas y que, puesto que el Jockey Club ocupaba la Casa de los Azulejos en San Francisco y el callejón de la Condesa, *La Sorpresa* tenía que encontrarse en el extremo opuesto.

Tuve la suerte de localizar un grabado publicitario de hace un siglo, mismo que reproduje en mi libro *México 1900* ya publicado. En él aparece el gran edificio del almacén de ropa y novedades *La Sorpresa* que pertenecía a la firma francesa *A. Forcaude y Compañía*, y se ubicaba en la esquina sureste de la Primera Calle de Plateros (ahora sexta de Madero) con la de La Palma.

Un mapa con directorio comercial del centro de la capital, editado en 1883, lo confirma.

"Desde la esquina de *La Sorpresa* (sic) hasta las puertas del Jockey Club... "

"Así demarcó el ilustre Duque Job una zona de la geografía metropolitana donde, a la manera de los mapamundis antiguos podría inscribirse como título genérico *Hic est vanitas* ("aquí se halla la vanidad")

"Pero en unos cuantos años que mirando hacia atrás me parecen otros tantos días, las cosas han cambiado tanto que no sólo esa zona urbana ha dejado de ser lo que fue, sino que aún los lugares que la demarcaban han desaparecido."

"Puede decirse que, con excepción hecha de los templos y uno que otro edificio del trayecto, todos los demás han cambiado, y aún dejado de ser. "

De esta manera se expresaba en sus *Memorias* José Juan Tablada, otro grande y polifacético escritor, refiriéndose al Duque Job y a las calles de Plateros y de San Francisco en los tiempos del refinado poeta modernista, hacia 1890, cuando el veinteañero Tablada acababa de conocerlo.

Este comparaba el aspecto que tenían entonces las dichas aristocráticas calles con el que presentaban un cuarto de siglo después, ya rebautizadas con el único nombre de Avenida Madero, una de cuyas placas identificadoras fue colocada personalmente por Pancho Villa.

Por una singular coincidencia, el año de 1995, el del centenario de la muerte de Manuel Gutiérrez Nájera, lo fue también del cincuentenario de la de José Juan Tablada quien, en su mencionado libro, más adelante anota: "Conocí a Gutiérrez Nájera cuando vivía en el archimexicano rumbo de la calle de las Rejas de Balvanera, donde pude visitarlo gracias a nuestras relaciones de familia, pues la esposa del poeta, Cecilia Maillefert, era sobrina de mi hermano político, Manuel de Olaguíbel... "

"Dos o tres veces a la semana, mientras mis ocupaciones me lo permitieron, lo acompañé ... atravesando la Plaza de Armas... por Plateros en camino hasta la redacción de *El Partido Liberal*"

Para la segunda fecha a que hace referencia en sus Memorias, José Juan Tablada dice que "...el Jockey Club ha cambiado y dejado de ser..." y, efectivamente, en 1915 ya funcionaba en la Casa de los Azulejos un conocido y favorecido café restaurante y tienda de regalos.

Empero, no menciona el escritor que para entonces *La Sorpresa* había cambiado su nombre por el de *La Ciudad de Londres*, si bien seguía siendo "un almacén francés" de ropa y novedades.

Con la primera de las razones sociales, y fundada por A. Fourcade hacia 1880, se mantuvo hasta principios de 1910 cuando la adquirió la firma J. Ollivier y Compañía mismo que la llamó *La Ciudad de Londres* unos meses después nombre que conservaría hasta su extinción en 1930 como una consecuencia del reflejo de la crisis desatada por la Gran Depresión.

Ahora que, si bien se extinguió como giro mercantil, el viejo inmueble de *La Sorpresa* no se destruyó sino parcialmente, y la fracción de la esquina suroriental de Madero y Palma, que es la que sobrevive, permanece con prestancia en nuestros días por sus valores intrínsecos, como edificio destinado a comercios y oficinas.

Resulta así muy satisfactorio el comprobar que, tras una supervivencia de por lo menos 125 años, todavía se tiene un buen edificio del Centro Histórico ubicado en el área que antaño se designaba como Primer Cuadro. Sin duda reemplazó, y esto es lamentable, a una casa virreinal, pero por lo menos estuvo dignamente construido.

El que ya existía hacia 1870, aunque con una fachada más sencilla en sus acabados exteriores, lo demuestra una vieja fotografía de esa época que corresponde al paramento sur de la primera calle de Plateros, foto que reproduce Guillermo Tovar de Teresa en su revelador y concientizador libro Historia de un Patrimonio Perdido.

Fue posiblemente en 1880 cuando el señor A. Fourcade adquirió el inmueble, entonces lo remodeló interior y exteriormente y le añadió un cuarto nivel con el frontil redondeado, el cual se interrumpía con los vanos verticales de varias ventanas características de una mansarda.

Toda la fachada fue revestida de hermosa y bien trabajada cantera de chiluca, se la cortó en pancupé, y en éste se abrieron elegantes balcones en cada nivel. A lo largo de las cornisas del tercero de estos niveles se instaló un vistoso rótulo con la inscripción *Sorpresa y Primavera*, nombre que mantuvo hasta principios de 1910, la citada empresa J. Ollivier y Compañía adquirió los almacenes para llamarlo meses después *La Ciudad de Londres*.

La mapoteca Orozco y Berra cuenta con un magnífico plano del Primer Cuadro de la Ciudad de México elaborado en 1883 por la benemérita imprenta de Víctor Debray instalada, por cierto, a pocas calles de *La Sorpresa*, en la que ahora es la tercera de 16 de Septiembre.

Este curioso y útil mapa tiene como novedosas características. por un lado, que presenta muy bien delimitados todos los lotes de cada una de las manzanas con el nombre del propietario o el de la razón social que ostentaban, y por otro en el que en sus márgenes aparecen enlistados unos y otras por orden alfabético.

Es así como pueden verse en el lote de la esquina sureste del vértice de las calles de Plateros y La Palma y en el directorio marginal las inscripciones de *Almacenes La Sorpresa*.

En 1910, durante las fiestas del Centenario de la independencia el edificio de *La Sorpresa*, al igual que otros inmuebles notables de la ciudad capital, lucieron una novedosa iluminación nocturna a base de e series de bombillas eléctricas. Con motivo de tales festejos, el almacén en cuestión ostentaba su nueva razón social: *La Ciudad de Londres*.

Los anuncios publicitarios y los hermosos membretes de papel impreso para la correspondencia de la casa comercial de principios de siglo muestran la bella y sólida arquitectura de *La Sorpresa*, que tanto atrajo la atención y movió la sensibilidad de Manuel Gutiérrez Nájera, al grado que la utilizó como punto de referencia en la calle de Plateros inmortalizándole por medio de la famosa quinteta que le resultó tan traviesa como su propia amada: *la Duquesa Job*.

Escrito por: LUIS EVERAERT DUBERNARD

De izquierda a derecha: Ramón María del Valle Inclán, Francisco Gavidia, Ramiro de Maeztu y Gerardo Diego

Bibliografía consultada:

Rubén Darío y su creación poética, por Arturo Marasso, Editorial Kapelusz, Edición de 1954, Argentina.

Papeles de Rubén Darío, por Emilio Rodríguez Demorizi, Editorial del Caribe, Santo Domingo, República Dominicana, 1969.

Curso de Historia de la Literatura Castellana de España y América, por Luis Alberto Cabrales, Editorial Atlántida, Tercera Edición, 1945, Managua, Nicaragua.

Compendio de la Historia de la Literatura, por Juan C. Zorrilla de San Martín, S.J., Editado por la Librería de la Federación de O.C., Santiago de Chile, 1925.

Este otro Rubén Darío, por Antonio Oliver Belmás, con prólogo de Francisco Maldonado de Guevara, Editorial Aedos, Barcelona, España, 1ª. Edición, 1960.

La dramática vida de Rubén Darío, por Edelberto Torres Espinosa, Biografia Gandesa, Editorial Grijalbo, Barcelona-Mèxico, 1966, 4ª. Edición.

Revista General de la Universidad de Puerto Rico, LA TORRE, No.55-56, número en Homenaje a Rubén Darío, Enero-Junio 1967, 500 páginas.

Cuadernos Hispanoamericanos, Nos. 212-213, Madrid, agosto-septiembre, 1967.

El Archivo de Rubén Darío, por Alberto Ghiraldo, Editorial Losada, 1ª. Edición, 1943, Buenos Aires, Argentina.

Integración de lo Hispánico y lo autóctono en la poesía de Rubén Darío, por Baltasar Isaza Calderón, Impresora Panamá, S.A., 1968. Separata del Boletín de la Academia Panameña de la Lengua.

Seis Estudios sobre Rubén Darío, por José Agustín Balseiro, de Puerto Rico, Editorial Gredos, S.A., Madrid, 1967.
Historia de la literatura hispanoamericana, por Enrique Anderson Imbert, Editorial del Fondo de Cultura Económica, México, Tomos I y II, 5ª. Edición, 1965.

Revista *Mundo Hispánico*, No. 234, septiembre 1967. Número extraordinario dedicado a Rubén Darío.

Apreciaciones y Anécdotas sobre Rubén Darío, por Octavio Quintana González (1893-1955), Tipografía Los Hechos, edición de 1950, León, Nicaragua.

Martí. Raíz y Alas del Libertador de Cuba, por Vicente Sáenz, Editorial América Nueva, México, D.F., 1955.

Autobiografía, por Rubén Darío, con prólogo de don Enrique Anderson Imbert, Ediciones Marymar, Buenos Aires, Argentina, 1976.

Atlas de Literatura Universal, por A. Padilla Bolivar, Ediciones Jover, S.A., Barcelona, 1971.

Rubén Darío. Su vida y su obra por Francisco Contreras, Editorial Ercilla, Santiago de Chile, 1937.

Rubén Darío. Crítico literario. Selección, prólogo y notas de Ermilio Abreu Gómez, impreso en México por la Unión Panamericana, Washington, 1951.

América en Rubén Darío por Carlos Martín, Editorial Gredos, Madrid, 1972.

La influencia de Rubén Darío en España, por Carlos Lozano, Editorial Universitaria, de la Universidad Nacional Autónoma de Nicaragua, León, Nicaragua, 1978.

La originalidad de Rubén Darío, por Enrique Anderson Imbert, Centro Editor de América Latina, Buenos Aires, 1967.

La Formación Literaria de Rubén Darío por Mr. Charles D. Watland, Publicaciones del Centenario de Rubén Darío, 1966-1967, Nicaragua. Traducción del Prof. Fidel Coloma González, chileno, nacionalizado nicaragüense.

La influencia francesa en la obra de Rubén Darío por Mr. Erwing Kempton Mapes, Publicaciones del Centenario de Rubén Darío, 1966-1967. Traducción del profesor Fidel Coloma González.

Vigencia de Rubén Darío y otras páginas por Guillermo de Torre, Ediciones Guadarrama, 1ª Edición, Madrid, 1969.

Escritos dispersos de Rubén Darío. (Recogidos de periódicos de Buenos Aires), estudio preliminar, recopilación y notas de Don Pedro Luis Barcia. Advertencia por Juan Carlos Ghiano. Editado por el Departamento de Letras del Instituto de Literatura Argentina e Iberoamericana y por la Universidad Nacional de la Plata, Facultad de Humanidades y Ciencias de la Educación, 1968.

Homenaje a Rubén Darío (1867-1967), ensayos por varios autores, editado por el Instituto Internacional de Literatura Iberoamericana y el Centro Latinoamericano de la Universidad de California, Los Angeles. Impreso por la Editora Sucre, en Caracas, Venezuela, 1970.

Encuentro de William Shakespeare en Rubén Darío del libro DOS ENSAYOS, ensayo escrito por el doctor Alfonso Argüello Argüello, Imprenta La Salle, León, Nicaragua, 1984.

Rubén Darío. Poesías y articulos en prosa, Editado por la Universidad Nacional Autónoma de Nicaragua, bajo el cuidado del Profesor Fidel Coloma y el poeta Mario Cajina-Vega. Managua, Nicaragua, 1967.

Prosas Políticas. Rubén Darío, recopilación por Jorge Eduardo Arellano, con la introducción de Julio Valle-Castillo. Colección Popular Dariana, Ministerio de Cultura. Managua, Nicaragua, 1982.

Crónica Política. Vol. XI, Rubén Darío, recopilación de las Obras Completas por Alberto Ghiraldo. Editorial Espasa-Calpe, Madrid, 1924.

Rubén Darío. Poesías y Prosas raras, compiladas y anotadas por Don Julio Saavedra Molina, editado por Prensas de la Universidad de Chile, Santiago, 1938.

Rubén Darío a los veinte años, por Raúl Silva Castro, Biblioteca Románica Hispánica, Editorial Gredos, Madrid, 1956.

Rubén Darío en su prosa, por Alejandro Reyes Huete, Editorial Hospicio, León, Nicaragua, 1960.

Rubén Darío y el modernismo, por Ángel Rama, Biblioteca de la Universidad Central de Venezuela, Caracas, 1970.

Cuestiones Rubendarianas, por Ernesto Mejía Sánchez, Ediciones de la Revista de Occidente, Madrid, 1970.

Los límites del modernismo, por Rafael Ferreres, Taurus Ediciones S.A., Madrid, 1964.

Génesis del Modernismo. Martí, Nájera, Silva, Casal, por Iván A. Schulman, El Colegio de México y Washington University Press, México, 1966.

Rubén Darío y la Edad Media. Una perspectiva poco conocida sobre la vida y obra del escritor, por Francisco López Estrada, Editorial Planeta, Barcelona, 1971. Ensayos/Planeta. De Lingüística y Crítica Literaria. Dirección: Ángel Valbuena Prat y Antonio Prieto.

Historia de la Literatura, por Agustín del Saz, Editorial Juventud, S.A., Barcelona, 1958.

Diccionario de Autores Nicaragüenses, Tomo I y II,   por Jorge Eduardo Arellano, Convenio Biblioteca Real de Suecia y Biblioteca Nacional "Rubén Darío", Managua, Nicaragua, 1994.

Cuadrivio,   por Octavio Paz, Editorial Seix Barral, S.A., Barcelona, 1991.

Diccionario de Literatura Española,   por Germán Bleiberg y Julián Marías y otros colaboradores: José Manuel Blecua, Samuel Gili Gaya, Rafael Lapesa y José Manuel Pita, entre otros. Editora Revista de Occidente, Madrid, 2da. Edición, 1953.

Literatura Hispanoamericana,   por Ángel Valbuena Briones, Editorial Gustavo Gili, S.A., 2da. Edición, 1965.

Provincialismo contra Rubén Darío,   por Luis Alberto Cabrales, Editado por el Ministerio de Educación Pública – Extensión Cultural, Managua, Nicaragua, 1966.

Dos románticos nicaragüenses: Carmen Díaz y Antonino Aragón. Introducción y notas de Franco Cerutti, Editado por el Banco de América, Colección Cultural, Serie Literaria No.5, 1ra. Edición, Managua, Nicaragua, 1974.

Antología del Modernismo, 1884-1921. Tomos I y II.   Selección, introducción y notas de José Emilio Pacheco, Editado por la Universidad Nacional Autónoma de México, 1970.

Historia de la literatura hispanoamericana. Tomo I. La colonia. Cien años de República,   por Enrique Anderson Imbert, Breviarios del Fondo de Cultura Económicas, 5ª. Edición, México, 1965.

Literatura Hispanoamericana, Tomos I y II,   por Enrique Anderson Imbert y Eugenio Florit, Editado por Holt, Rinehart and Winston, Nueva York, 1960.

Literatura y Hombre Occidental, por J. B. Priestley, Ediciones Guadarrama, Madrid, 1960.

Iniciación en la Historia Literaria Universal, por Samuel Gili Gaya, con Apéndice del crítico español, Dr. Joaquín Molas, 11ª. Edición, Editorial Teide, Barcelona, 1972.

La Literatura Universal, por Guillermo Díaz-Plaja y prólogo de Ángel Valbuena Prat, 1ª. Edición, Ediciones Danae, Barcelona, 1965.

Historia de la Literatura Española e Hispanoamericana, por Emiliano Díez-Echarri y José María Roca Franquesa, Editorial Aguilar, Madrid, 1960.

Rubén Darío. Cantos de Vida y Esperanza, por Antonio Oliver Belmás, Editorial Anaya/ Autores Latinoamericanos; 2da. Edición, España, 1965.

Rubén Darío. "Un bardo rei", por Arturo Capdevilla, 2da. Edición, Colección Austral, Editorial Espasa-Calpe, S.A., 1969.

Obras completas de Rubén Darío. Volúmen II. Azul...., Ediciones de Rubén Darío Sánchez, Madrid, 1922. Con el prólogo de don Juan Valera.

Rubén Darío periodista, por José Santos Rivera y Fidel Coloma, Editado por la Dirección de Extensión Cultural del Ministerio de Educación Pública, Managua, Nicaragua, 1964.

Rubén Darío en Chile, por Armando Donoso, Editorial Nascimiento, Santiago, Chile, 1927. Edición ordenada con un ensayo sobre Rubén Darío en Chile, por Armando Donoso.

El lector debe saber que existen más de mil libros escritos alrededor de la obra de Rubén Darío, en español, inglés, francés y en otros idiomas. Todavía es motivo de estudio y de polémica.

DON MANUEL GARCIA (DARIO)
Retrato hecho por Rubén Cuadra sobre el de la
Sra. Francisca Zapata, hija natural de Don Ma-
nuel, y de quien se decía era muy parecida a él.
(Museo-Archivo Rubén Darío).

**Padres de Rubén Darío: Don Manuel García (izquierda) y Doña
Rosa Sarmiento (al centro).
A la derecha su hijo Rubén Darío Contreras con el nieto, Rubén Darío Basualdo (Cortesía
de Martha Eloísa Darío Lacayo, bisnieta del poeta).**

Iconografía de José Martí

José Martí (1853-1895)

Foto y cabeza de José Martí (1853-1895)

José Martí

Iconografía de Rubén Darío

En la primera foto: con Osvaldo Bazil y Eduardo Carrasquilla Mallarinos. Al centro, Rubén Darío a la edad de 32 años y a la derecha de 44 años de edad. Abajo, izquierda, un retrato a lápiz realizado por el artista Eduardo Schiaffino, en 1896, y, a la derecha, un retrato a lápiz realizado por Daniel Vásquez-Díaz.

Retrato al óleo realizado por Juan Téllez Toledo, artista mexicano.

Otras fotos de Rubén Darío en España, a la derecha con Fabio Fiallos

Rubén Darío a los 32 años de edad y cuando era embajador de Nicaragua en España

D. Rubén Darío Contreras (hijo de Rubén Darío y Rafaela Contreras Cañas), con su hijo Rubén Darío Basualdo, nieto de Rubén Darío. A la derecha, otra foto del Dr. Rubén Darío Contreras.

Cabeza de Rubén Darío por la escultora Edith Gron, y un retrato a lápiz por Daniel Vázquez-Díaz

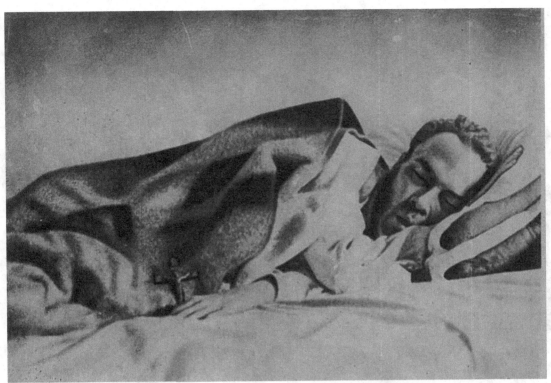

Rubén Darío en su lecho de muerte, Febrero de 1916

Rubén Darío con Alejandro Bermúdez

Rubén Darío, al centro izquierda, sentado de bigotes y barbilla, rodeado de sus amigos, poetas, escritores y periodistas españoles y latinoamericanos.

Rubén Darío en dos etapas de su vida

PORTADAS DE LIBROS

Dos libros de Antonio Oliver Belmás (Español): "Última vez con Rubén Darío" y "Este otro Rubén Darío"

Dos libros de Editorial Gredos S.A.: "América en Rubén Darío" por Carlos Martín, y, "Seis Estudios sobre Rubén Darío", por José Agustín Balseiro

Dos ediciones del libro "El Archivo de Rubén Darío", por Alberto Ghiraldo

Dos libros de crítica literaria: "Vigencia de Rubén Darío y Otras Páginas", por Guillermo de Torre, y "La Originalidad de Rubén Darío" por Enrique Andereson Imbert

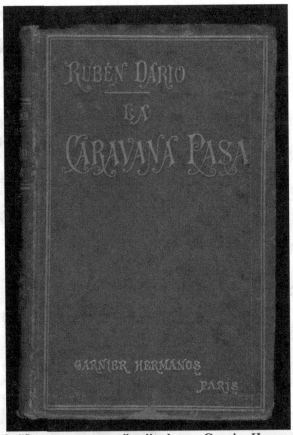

Portada de "La caravana pasa", editado por Garnier Hermanos, París

Portada de ediciones populares impresas en México, con la caricatura de Rubén Darío

LOS CRÍTICOS DE LA OBRA DE DARÍO

GUILLERMO DE TORRE

Enrique Anderson Imbert, izquierda, y Guillermo de Torre

Arturo Marasso

Antonio Oliver Belmás, izquierda, y Arturo Marasso

Breve cronología de la vida del Padre del Modernismo y Príncipe de las Letras Castellanas. Homenaje en el 138 aniversario de su nacimiento.

Rubén Darío

"....Únanse, brillen, secúndense tantos vigores dispersos; formen todos un solo haz de energía ecuménica...."
Rubén Darío (1867-1916)

Investigación por: Flavio Rivera Montealegre*

1867, 18 de Enero.

Nace en Metapa, Departamento de Nueva Segovia, Félix Rubén García Sarmiento, sus padres viven entre León y Metapa, al primer año de su vida. Nicaragua. Sus padres son Manuel García Rojas y Rosa Sarmiento Alemán, primos en tercer grado de consanguinidad. Sus abuelos paternos son Domingo García, panameño, y Petronila Rojas Mayorga hija de Roberto Rojas y Rita Mayorga Rivas hija a su vez de don Darío Manuel Mayorga Occón y Montes de Occa y Catarina Rivas. Sus abuelos maternos son Ignacio Sarmiento Mayorga y Sixta Alemán; Ignacio Sarmiento Mayorga es hijo de Casimiro Antonio Sarmiento, de Chinandega, y doña Buenaventura "Ventura" Mayorga Rivas, hermana de Rita Mayorga Rivas.

1869

A los dos años de vida, su madre se traslada a San Marcos de Colón, en Honduras; al lado de Juan B. Soriano, con quien contrajo nupcias posteriormente, una vez obtenida la anulación de su matrimonio con Manuel García Rojas, pues éste le daba muy mala vida.

1870

A los tres años de edad, sus padres de crianza, Coronel Félix Ramírez Madregil y Bernarda Sarmiento Mayorga, desde San Marcos de Colón en Honduras, lo trasladan a vivir a la ciudad de León, Nicaragua. Aprende a leer, sus maestros fueron doña Jacoba Tellería y don Felipe Ibarra Alvarenga. En esta época lee el Quijote, las obras de Moratín, las Mil y Una Noches; los Oficios, de Cicerón; Corina, de Madame Stäel, y una novela folletinesca, La Caverna, de Strozzi.
Nace el poeta español Gabriel y Galán.

1871-1880

A los cuatro años de edad, viven en la ciudad de León, Nicaragua, hasta que cumple los 13 años de edad. Escribe sus primeros versos.
"Naturaleza", Oda dedicada al poeta Román Mayorga.
"Al Mar", Oda dedicada a Francisco Castro.
"A Víctor Hugo", Oda.
"Clases".

"Una lágrima", primeros versos publicados en EL TERMóMETRO, de la ciudad de Rivas, (1880) dirigido por Don José Dolores Gámez Guzmán, el historiador y político; ideólogo del Partido Liberal en tiempos del Gral. José Santos Zelaya.

"Desengaño", publicado en la Revista EL ENSAYO, No.1, en León, firmado por Bruno Erdía (seudónimo) anagrama de Rubén Darío.

"A......", firmado por Bernardo I. U.(seudónimo), otro anagrama.

"El Poeta", publicado en la Revista EL ENSAYO.

En 1872, su tía abuela y madre de crianza, doña Bernarda Sarmiento de Ramírez Madregil, descubre los precoces manuscritos del niño, en que se encuentran sus primeros versos.

En 1872, nace en España Pío Baroja.

1881

A los 14 años de edad se traslada a Managua, Nicaragua, en Diciembre.

"La ley escrita"

"Poesías y artículos en prosa", inédito aparece en Guatemala en 1889 encontrado por Andrés Largaespada sobre el piano de una amiga.

Noviembre 13: Se lleva a efecto la velada fúnebre en memoria del Gral. Máximo Jeréz Tellería, a quien dedica un poema: "A Jeréz". Viaja a Managua.

1882

A los 15 años de edad viviendo en Managua viaja a El Salvador, en Centro América.

Lee el poema: "El Libro", en una recepción oficial.

Le ofrecen una beca para estudiar en Granada. No acepta.

"La poesía castellana", poema.

"A mi buen amigo Joaquín Méndez", poema.

Publica el poema "LUZ", que hasta el 20 de Enero de 1989 se desconocía de su existencia, fecha en la que fue divulgado por el poeta nicaragüense, José Santos Rivera Siles, en la Revista "Ventana", en Managua. Este poema ya lo conocía don Segundo Robleto, que fue quien se lo dictó al poeta J. Santos Rivera Siles (1922-1996).

1883

A los 16 años de edad, vive en el país vecino, El Salvador.

"Alegoría", al Dr. Rafael Zaldívar.

"Al Libertador Bolívar", Oda en cincuenta y una estrofas horacianas.

"Himno A Bolívar" letra de Darío y música de Juan Aberle.

"Oda a la Unión Centroamericana"

"Al General Justo Rufino Barrios"

1884-1886

A los 17 años de edad, viaja de El Salvador a Managua y León, Nicaragua.

"Del Arte", décimas leídas al colocar la primera piedra del teatro de León.

"Al Sr. don Pedro J. Alvarado"

Trabaja en la Biblioteca Nacional, colabora en la prensa de Managua, trabaja en la Secretaría Privada de la Presidencia, Dr. Adán Cárdenas.

"Epístola a Juan Montalvo", publicado en EL FERROCARRIL, en Managua.

"Calderón de la Barca. Estudio Crítico"
"El poeta a las Musas" (Sept. 30) publicado en EL DIARIO NICARAGüENSE.
Ricardo Contreras realiza una crítica al escrito "La ley escrita".
"Victor Hugo y la tumba", poema escrito en versos alejandrinos con motivo de la muerte del poeta francés.
Sale a luz el diario EL IMPARCIAL, en Managua, bajo la dirección de Rubén Darío, Pedro Ortíz y Eugenio López.
"Mis primeros versos", cuento publicado en El Imparcial.
Polémica con Enrique Guzmán, político e intelectual natural de Granada, Nicaragua.

1887-1888
A la edad de 20 años, viaja a las ciudades de Valparaíso y Santiago en Chile, América del Sur. Lleva la representación de los periódicos El Mercurio, El Diario Nicaragüense y El Imparcial.
"La erupción del Momotombo", El Mercurio.
"El canal por Nicaragua", La Época.
"La Unión Centroamericana", La Época.
"Historia de un picaflor", cuento publicado en La Época, con un nuevo procedimiento estilístico.
"El Pájaro Azul", primer cuento que integrará el libro "Azul".
"Anagké", "A Pedro Balmaceda", "Estival" publicados en La Época.
"Autumnal", publicado en La Época.
"El Fardo"
"El Palacio del Sol", cuento que integrará el libro "Azul".
"Primaveral", "El velo de la reina Mab", publicados en La Época.
Se publican "Las Rimas" en el tomo I del Certamen Varela.
"AZUL", publicado en Julio 30 de 1888, Primera Edición.
(Cuentos en Prosa, El año lírico), Editorial Excelsior, Valparaíso.
El 5 de Noviembre de 1888 fallece el padre de Rubén Darío, don Manuel García Rojas.

1889
A la edad de 22 años viaja desde Chile al país vecino: Perú. Pasa a Lima, el puerto de El Callao, visita al poeta Ricardo Palma y al Gral. Eloy Alfaro.
Viaja a El Salvador y luego pasa a Nicaragua.
"Almirante Barroso"
Aparece el diario LA UNIóN, dirigido por Rubén Darío.
Festejan su cumpleaños con un gran banquete en el Hotel Siglo XX.

1890
Contrae matrimonio civil con la jovencita Rafaela Contreras Cañas, nacida en Costa Rica.
A la edad de 23 años a El Salvador y a Guatemala, en Centro América.
"Historia negra" es publicado en El Imparcial, Guatemala.
"José J. Palma", sonetos en versos alejandrinos publicado en El Diario de Centro América. Forma parte de este diario.
Segunda Edición de "Azul", imprenta La Unión, Guatemala.

Escribe muchos artículos a favor del "unionismo" centroamericano, los que póstumamente fueron publicados con el nombre de "Crónica Política".

1891

Doña Manuela Cañas de Contreras y su hija Rafaela Contreras Cañas llegan a Guatemala. Febrero 12, 1891 contrae matrimonio religioso con Rafaela Contreras Cañas.

Es el editor y propietario del diario "El Correo de la Tarde" y con él colabora el joven poeta guatemalteco Enrique Gómez Carrillo. El gobierno de Guatemala decide retirarle la ayuda con el diario y disponen suprimirlo, el último número sale el 12 de Noviembre de 1891. A la edad de 24 años, viaja de Guatemala a Costa Rica, junto con su suegra y su esposa.

1892

En Costa Rica, el director del "El Heraldo", Pío Víquez, lo invita a ser parte de la redacción del periódico.

A la edad de 25 años, viviendo en Costa Rica, viaja a Guatemala, España, Colombia y Cuba.

Mayo 25, 1892 es nombrado secretario de la delegación de Nicaragua en las fiestas del IV Centenario del Descubrimiento de América. Se embarca el 24 de Junio. Hace escala en La Habana, en esa oportunidad conoce al joven poeta cubano Julián del Casal y a Raúl Cay quien es hermano de la joven cubana-japonesa a quien le dedicó dos poemas.

"A una novia" dedicado a Casimira Sacasa. (Junio, 29, 1892).

Estando en Colombia, fallece su esposa Rafaela Contreras Cañas, su hijo queda en manos de la familia de su esposa.

Durante su estadía en España conoce a los intelectuales y poetas españoles, entre ellos a Juan Valera y Alcalá-Galiano, Salvador Rueda, Campoamor, Emilio Castelar, Menéndez y Pelayo, Núñez de Arce y Emilia Pardo-Bazán.

Escribe "A Colón" y "Elogio de la seguidilla".

En Noviembre regresa haciendo escala en La Habana y en Cartagena de Indias (Colombia) donde visita a don Rafael Núñez quien le promete nombrarlo cónsul en Buenos Aires, Argentina.

1893

A la edad de 26 años viaja desde Nicaragua a Panamá, Nueva York, París y Argentina.

Muere su esposa Rafaela Contreras (Enero 26 de 1893), en El Salvador.

Marzo 8, 1893 contrae matrimonio con Rosario Murillo en Managua, Nicaragua.

El Gobierno de Colombia lo nombra Cónsul General en Buenos Aires, Argentina (Abril 17, 1893).

Mayo de 1893, se encuentra en Nueva York con José Martí.

"La batalla de las flores" y "Las razones de Ashavero", dos cuentos publicados en el diario LA TRIBUNA, Bs. As., Argentina.

Se incorpora al personal del diario LA NACION, en Buenos Aires, Argentina y empieza a publicar prosas y versos revolucionarios del estilo, de la métrica y del gusto literario, para ambos diarios bonaerenses.

En 7 de Junio se embarca hacia Francia, en donde es atendido por Enrique Gómez Carrillo y Alejandro Sawa. Conoce en un restaurante a Paul Verlaine y Charle Morice.

1894-1895

A la edad de 27 años vive en Buenos Aires, Argentina.

"Divagación", publicado en La Nación.

"Pro domo mea", artículo polémico contestando a una crítica publicada en el Clarín, se publica en La Nación.

Mayo 23, 1895 escribe su poema "Marcha Triunfal" en la Isla de Martín García, muy cerca de Buenos Aires.

Le suprimen el nombramiento de Cónsul colombiano.

En 1895 muere su madre, doña Rosa Sarmiento, en El Salvador, en donde fueron sepultados sus restos hasta ser repatriados a Nicaragua, en donde son sepultados un 3 de Mayo de 1995, y que hoy descansan eternamente en el Parque de las Rosas, en la ciudad de Chinandega, su pueblo natal, por gestiones del Prof. Héctor Darío Pastora, un ferviente divulgador de la vida y obra de Rubén Darío.

1896

A la edad de 29 años viaja desde Buenos Aires a la ciudad de Córdoba, en La Pampa, Argentina. Visita la isla Martín García en Buenos Aires, Argentina.

Octubre 12, 1896 publica su libro "LOS RAROS", Bs. As.

Noviembre, 1896 publica su libro "PROSAS PROFANAS Y OTROS POEMAS" en la Imprenta de Pablo Coni e Hijos, Bs.As.

1897

A la edad de 30 años, regresa a Buenos Aires, Argentina.

"Preludio del carnaval" publicado en El Tiempo.

"El hombre de oro" publicados en "La Biblioteca" que dirige Paul Groussac.

Solicita ayuda económica al presidente de Nicaragua, Gral. José Santos Zelaya López, sin recibir ninguna respuesta efectiva, solamente promesas.

Su producción literaria es abundante, escribiendo para los diarios de Buenos Aires: cuentos como "Gesta moderna", "La leyenda de San Martín, patrono de Buenos Aires", "Por el Rhin"; poemas como "Balada a Leopoldo Díaz" y "Diálogo de una mañana de Año Nuevo". También escribe artículos de actualidad y literarios.

1898

A la edad de 31 años, regresa a España. Llega a Barcelona. Va como corresponsal del diario La Nación, enviado por su director, Julio Piquet. España se encuentra en guerra con Estados Unidos de América. El diario La Nación había tomado partido por España.

1899

A la edad de 32 años, viaja desde España a Italia.

En España publica "Castelar"

"Al rey Oscar" y "Trébol" publicados en Ilustración Española y Americana. Reporta en París sobre la Exposición Universal.

Conoce a Francisca Sánchez del Pozo. El diario La Nación lo traslada a París para escribir sobre un acontecimiento muy importante: la Exposición Universal.

1900

A la edad de 33 años, viaja de Italia a Francia.

Visita el Santuario de Lourdes, en Francia. Es corresponsal de "La Nación" en París.

Viaja a Italia.

Abril de 1900 nace en Madrid la primogénita de Darío y Francisca Sánchez, recibe el nombre de Carmen.

1901-1902

Desde la edad de 34 años vive en París, Francia, hasta cumplir los 35 años de edad.

Julio 1902 publica la primera y única edición de "LA CARAVANA PASA" en Editorial Garnier Hnos. París.

Publica "España Contemporánea" editado en París por Garnier Hermanos y "Peregrinaciones", impreso por la Librería de la Viuda de Ch. Bouret,en París, con prólogo de Justo Sierra.

1903

A la edad de 36 años, viaja entre Francia y España. Su esposa Francisca Sánchez da a luz su segundo hijo que Rubén Darío le dedica un soneto que lo llama "Phocás el campesino", como apodo.

Es nombrado Cónsul de Nicaragua en París.

1904

A la edad de 37 años, viaja desde España al vecino país de Austria, Hungría y Alemania.

Publica el poema "Oda a Roosevelt".

Publica "Tierras Solares"

1905

A la edad de 38 años, regresa a Francia y luego a España.

De regreso en Madrid, conoce a su segundo hijo, Rubén Darío Sánchez.

Junio 10 de 1905 muere su hijo en Navalsauz, Rubén Darío Sánchez.

Escribe "Letanias de Nuestro Señor Don Quijote" y "Salutación al Optimista".

Publica "Cantos de Vida y Esperanza. Los Cisnes y otros poemas", Madrid.

Escribe la "Oda a Mitre".

1906

A la edad de 39 años, desde España viaja a Brazil. Llega a Buenos Aires.

Publica "Opiniones" en Madrid.

Escribe y publica el poema "Salutación al Águila" un 15 de Julio de 1906.

1907

A la edad de 40 años, viaja a París, Francia y regresa a la ciudad de León, Nicaragua.

Nace el tercer hijo de Rubén Darío con Francisca Sánchez, lo bautizan también como Rubén Darío Sánchez "Güicho".

"El retorno a la tierra natal"

"A la intelectualidad nicaragüense"

El presidente y Gral. José Santos Zelaya López lo nombra ministro residente en Madrid. Publica los libros "Parisiana", impreso por la Librería de Fernando Fé y "El Canto Errante".

1908
A la edad de 41 años, regresa a Francia y luego a España.
1909
A la edad de 42 años, vive en Madrid, España.
Escribe el poema "A la señora Da. Blanca de Zelaya, respetuoso homenaje".
Publica "El Viaje a Nicaragua" y "Alfonso XIII".

1910
A la edad de 43 años, desde España, viaja a Cuba y luego a México.
Viaja a Veracruz en Delegación oficial de Nicaragua, vía La Habana.
Publica "Poemas de Otoño y otros poemas".

1911
A la edad de 44 años, viaja a París, Francia, desde México.
Publica "Letras", a Fabio Fiallo, en Garnier Hnos. París.
Aparece la Revista "Mundial y Elegancias"

1912
A la edad de 45 años, viaja a España y luego al Uruguay.
Escribe "Historia de mis libros" y "La vida de Rubén Darío por él mismo".
Publica el libro "Todo al vuelo", por Renacimiento Sociedad Anónima Editorial, Madrid, 1912.

1913
A la edad de 46 años, regresa a París, Francia y luego a Madrid, España.
En Mallorca escribe "La Cartuja" y "Oro de Mallorca".
Viaja a Barcelona.

1914
A la edad de 47 años, desde España viaja a Nueva York, Estados Unidos. Desde Nueva York, le escribe una carta sin fecha, pero se supone fue escrita el 21 de Diciembre de 1914, con el membrete del Hotel Earlington dirigida a don Pedro Rafael Cuadra Pasos; en ella expone que el gobierno de Nicaragua, desde los tiempos del Gral. José Santos Zelaya López, le han quedado a deber la cantidad de $46,000 francos. Es la fecha (2002) y no se los han pagado. (Ver Revista Conservadora No.65 de Febrero 1966, páginas 56-57).
Escribe su "Autobiografía escrita por Rubén Darío"

1915
A la edad de 48 años, desde Nueva York viaja a Guatemala y después de una corta estadía hace su viaje de regreso a Nicaragua.
Publica "Canto a la Argentina" y otros poemas.

1916, 6 de Febrero

A la edad de 49 años, entra a Nicaragua por el Puerto de Corinto, Chinandega, pasa a la ciudad de León, Nicaragua, viaja a Managua, luego regresa a la ciudad colonial León Santiago de los Caballeros en donde fallece un 6 de Febrero. Sus restos son objeto de honores hasta el 13 de Febrero que desde el recinto de la Universidad Nacional, sale el cortejo fúnebre hacia la Santa Iglesia Catedral de León, en donde sus restos son depositados al pie de la estatua de San Pablo.

Breve Bibliografía, básica para conocer la vida y gran parte de la obra de Rubén Darío:

Una buena cantidad de libros escritos sobre Rubén Darío y revistas editadas en España, Venezuela y Puerto Rico, entre ellos:

1.- "La dramática vida de Rubén Darío" por Don Edelberto Torres Espinosa, Primera a Quinta Ediciones.

2.- "El Archivo de Rubén Darío" por Don Alberto Ghiraldo, Editorial Losada, Argentina, 1943.

3.- "Rubén Darío. Homenaje en el 25 aniversario de su muerte", Administración Somoza, 1941.

4.- "Rubén Darío y sus amigos dominicanos", por Don Emilio Rodríguez Demorizi, Ediciones Espiral, Colombia, Primera Edición, 1948.

5.- "Rubén Darío: Biografía y Poesías" por Don Justino Blanco Z., Editorial Olimpo, México, 1963.

6.- "Poesía. Rubén Darío" por Don Ernesto Mejía Sánchez, Editorial Ayacucho, Venezuela, 1977.

7.- "Ayer y Hoy de Rubén Darío" por Don Ignacio Carvallo Castillo, Publicaciones del Ministerio de Educación Pública, Managua, Nicaragua, 1975.

8.- "Rubén Darío" por Don Guillermo Díaz Plaja, Barcelona, 1930.

9.- Revista General de la Universidad de Puerto Rico "La Torre", Números 55-56, Año XV, Enero-Junio 1967. Número dedicado enteramente en Homenaje a Rubén Darío.

10.- Revista "Mundo Hispánico" Número 234, Extraordinario dedicado a Rubén Darío, Septiembre 1967. Revista Editada en Madrid, España.

11.- Revista Shell No.15, Junio 1955, Director: José Ramón Medina. Revista Editada en Venezuela.

12.- Revista Shell No. 20, Septiembre 1956, Director: José Ramón Medina Revista Editada en Venezuela.

13.- Revista Shell No. 28, Septiembre 1958, Director: José Ramón Medina Revista Editada en Venezuela.

14.- Revista Nuevos Horizontes, Directora: María Teresa Sánchez. Diciembre 1967.

15.- "Rubén Darío. Los Limos más hondos y secretos. Poemas ausentes en sus Poesías Completas", recopilados por don José Jirón, editado por la Fundación Internacional Rubén Darío, 1992.

Indice

Este libro se terminó de imprimir el 6 de Enero de 2011

**Diseño de portada, diagramación y diseño por
Flavio Rivera Montealegre**